이재록 목사

우림

이에 그 거지가 죽어 천사들에게 받들려
아브라함의 품에 들어가고 부자도 죽어 장사되매
저가 음부에서 고통 중에 눈을 들어
멀리 아브라함과 그의 품에 있는 나사로를 보고
불러 가로되 아버지 아브라함이여 나를 긍휼히 여기사
나사로를 보내어 그 손가락 끝에 물을 찍어 내 혀를 서늘하게 하소서
내가 이 불꽃 가운데서 고민하나이다

아브라함이 가로되 애 너는 살았을 때에 네 좋은 것을 받았고
나사로는 고난을 받았으니 이것을 기억하라
이제 저는 여기서 위로를 받고 너는 고민을 받느니라
이뿐 아니라 너희와 우리 사이에 큰 구렁이 끼어 있어
여기서 너희에게 건너가고자 하되 할 수 없고
거기서 우리에게 건너올 수도 없게 하였느니라
가로되 그러면 구하노니 아버지여 나사로를
내 아버지의 집에 보내소서 내 형제 다섯이 있으니
저희에게 증거하게 하여 저희로 이 고통받는 곳에
오지않게 하소서

아브라함이 가로되 저희에게 모세와 선지자들이 있으니
그들에게 들을지라 가로되 그렇지 아니하나이다
아버지 아브라함이여 만일 죽은 자에게서 저희에게 가는 자가 있으면
회개하리이다 가로되 모세와 선지자들에게 듣지 아니하면
비록 죽은 자 가운데서 살아나는 자가 있을지라도
권함을 받지 아니하리라 하였다 하시니라

눅 16:22~31

모든 사람이 구원에 이르기를 원하시는
하나님의 사랑을 깨달아
아름다운 천국에 들어갈 수 있기를

미국의 한 심장 전문의가 환자들을 대하면서 체험한 일입니다. 그는 사후 세계를 믿지 않았으나 죽었다가 소생술로 깨어난 환자들을 면접하면서 생각이 바뀌었다고 합니다. 2백여 명의 소생 환자를 면접했는데 대체로 공통점이 있었습니다. 우선, 사망 직후 무엇에 이끌린 듯 좁고 긴 통로를 따라 빠져나갔으며 그중 한 그룹은 꽃향기가 그윽한 아름답고 드넓은 초원 같은 곳에 도착했고, 다른 한 그룹은 아주 컴컴하고 무시무시한 느낌이 드는 곳에 갔었다고 합니다.

그는 최종적으로 보고서에 이와 같이 기록했습니다. "어둡고 검은 세계를 보았다는 사람은 두려워하는 반면, 밝고 환한 빛과 향기를 맡았다는 사람들은 죽음에 대해 안도합니다. 내세가 뭔지 아직 모르지만 밝은 세계와 어두운 세계로 나눠져 있고 그것이 천국과 지옥이 아닐까 생각됩니다."

천국과 지옥에 대해 이야기하면 많은 사람이 "과학 문명이 이렇게 발달했는데 그런 말을 어떻게 믿을 수 있느냐?", "당신이 천국이나 지옥에 가 보았느냐?" 혹은 "죽어 봐야 알지." 말합니다. 그러나 사후 세계는 미리 알아야 합니다. 죽은 뒤에야 안다면 이미 늦습니다. 이후에는 그 누구에게도 '다시 한 번'이라는 기회가 없고, 자신이 살아 온 삶의 결과를 책임질 일만 남기 때문입니다.

히브리서 9장 27절에 "한 번 죽는 것은 사람에게 정하신 것이요 그 후에는 심판이 있으리니" 하신 대로 사람이 한 번 태어나면 죽는 것이 순리입니다. 죽은 뒤에는 반드시 심판을 받아 천국과 지옥 중 한 곳으로 가게 됩니다. 그래서 요한복음 5장 29절에는 "선한 일을 행한 자는 생명의 부활로, 악한 일을 행한 자는 심판의 부활로 나오리라" 했습니다.

하나님께서는 성경을 통해 천국과 지옥이 실제로 존재하며 말씀대로 심판이 이루어진다는 사실을 분명히 알려 주셨습니다. 그래도 믿지 못하는 사람을 위해 하나님께서는 합당한 하나님의 자녀들에게 천국과 지옥을 보여 주고 간증을 통하여 널리 전파하도록 역사하십니다. 모든 사람이 구원받아 천국에서 영생복락을 누리기를 간절히 원하시는 하나님께서는 저에게도 천국과 지옥에 대해 자세히 알려 주시며 전 세계에 널리 전하라고 부탁하셨습니다.

제가 지옥에 속한 아랫음부의 참상에 대하여 설교할 때 많은 성도가 참혹하고 잔인한 형벌 가운데 떨어지는 영혼들에 대한 안타까움으로 진저리를 치기도 하고 혹은 눈물을 참지 못했습니다. 믿음이 연약한 분들은 지옥에 속한 아랫음부에 대해 듣는 것조차 두려워했습니다. 그런데 아랫음부는 구원받지 못한 영혼들이 백보좌 대심판 이전까지만 머무는 형벌의 장소일 뿐입니다. 대심판 후에는 저마다 죄악의 경중에 따라 불못 또는 유황못에 떨어지는데, 이곳에서는 아랫음부에서 받는 형벌이 무색하리만큼 고통이 심합니다.

그래서 하나님께서는 모든 사람이 구원에 이를 수 있도록 독생자도 아낌없이 십자가에 내주셨습니다. 이 책의 모든 말씀은 무수한 사람이 지옥의 참혹함을 깨닫고 죄에서 돌이켜 구원받게 하시려는 하나님의 사랑의 메시지입니다. 이번 3판에서는 지옥의 참상을 좀 더 생생히 느낄 수 있도록 컬러 화보를 추가하였습니다. 내용 중에 나오는 그림들은 사람이 상상하여 그린 것이 아니라 하나님께서 영안을 열어 보여 주신 것을 바탕으로 그렸습니다.

그동안 '지옥' 설교와 책자를 통해 전 세계 수많은 영혼이 회개하고 구원에 이를 수 있도록 인도하신 아버지 하나님께 모든 감사와 영광을 돌립니다. 한 영혼도 잃지 않기를 원하시는 주님의 마음을 깨달아 널리 복음을 전파하는 복된 입술, 아름다운 발걸음이 되기를 부탁드립니다. 아무쪼록 책자를 대하는 분마다 내세와 심판이 있음을 깨달아 온전한 구원에 이르시기를 주님의 이름으로 축원합니다.

2010년 1월 겟세마네 기도처에서

이재록 목사

지옥의 참상을 깨달아 사망의 길에서 돌이켜
구원에 이를 수 있기를 기원하며

오늘날 많은 사람이 사후 세계에 대해 궁금하게 여기지만 사람의 능력만으로는 정확히 알 수 없습니다. 이 책은 하나님께서 이재록 목사에게 풀어 주신 사후 세계, 너무나 참혹한 실존 세계인 '지옥' 설교를 토대로 엮었습니다. 성경을 통해 부분적으로 알려 주신 지옥의 참상 그림을 추가하여 생생하게 표현하고 있으며 총 9장으로 구성되었습니다.

1장 「천국과 지옥은 분명히 존재하는가?」 편에서는 천국과 지옥의 구조에 대해 설명하면서 누가복음 16장에 나오는 부자와 거지 나사로의 경우를 들어, 구약 시대에 구원받은 영혼들의 대기 장소였던 윗음부와 구원받지 못한 영혼들이 고통받고 있는 아랫음부에 대해 설명합니다.

2장 「복음을 듣지 못한 사람은 어떻게 구원받는가?」 편에서는 양심 심판에 대한 내용으로, 낙태 또는 유산으로 태어나지 못하고 죽은 태아의 경우, 출생 후 5세까지의 어린아이들의 경우, 6세부터 사춘기 이전의 어린아이들의 경우는 어떻게 구원이 결정되는지 살펴보았습니다.

3장 「지옥에 속한 아랫음부와 지옥사자의 정체는 무엇인가?」 편에서는 먼저 구원받지 못한 영혼들이 죽은 뒤 아랫음부에 끌려가서 3일 동안 대기하는 장소가 있다는 것과, 그 후에 죄악의 경중에 따라 구별된 장소로 옮겨져 백보좌 대심판 전까지 끝없이 되풀이하여 받는 형벌의 참혹함을 설명하며, 아랫음부를 다스리는 악한 영들의 정체에 대해서도 알려 줍니다.

4장 「구원받지 못한 어린아이는 어떤 형벌을 받는가?」 편에서는 어린아이라 해도 구원받지 못하는 경우가 있으며, 태아와 갓난아이들의 형벌, 걸음마를 하는 아이들의 형벌, 3~5세 아이들의 형벌, 6세부터 사춘기 이전의 아이들의 형벌에 대해 자세히 전합니다.

5장 「구원받지 못한 사춘기 이후의 사람은 어떤 형벌을 받는가?」 편에서는 사춘기 이후의 사람들이 아랫음부에서 받는 형벌을 죄의 경중에 따라 각각 4단계로 구분하고, 죄가 무거운 만큼 더 큰 고통을 당하게 됨을 설명합니다.

6장 「성령의 역사를 훼방, 거역, 모독한 사람이 받는 형벌은?」 편에서는 성경에 기록된 대로 결코 용서받을 수 없는 죄가 있으며, 그 구체적인 실례를 들어 아랫음부에서 받는 형벌을 소개합니다.

7장 「7년 대환난에 떨어진 사람은 어떻게 구원받는가?」 편에서는 성경에 예언된 마지막 때가 바로 현시대임과 주님의 공중 강림 및 그때에 일어날 일에 대해 알려 줍니다. 그리고 7년 대환난에 떨어진 영혼들은 순교해야 구원받을 수 있으니 더욱 깨어 신부 단장을 잘하도록 권면하는 내용입니다.

8장 「백보좌 대심판 이후 지옥에 떨어진 영혼들이 받는 형벌은?」
편에서는 천년왕국이 끝나면 백보좌 대심판이 있음과 구원받지 못한
영혼들이 아랫음부에서 지옥으로 옮겨져 어떠한 형벌을 받는지 알려
줍니다. 그 외에도 악한 영들이 거하게 될 지옥과 형벌에 대해서도
설명합니다.

9장 「사랑의 하나님께서 왜 지옥을 만드셔야 했나?」 편에서는 독
생자를 십자가에 내어 주기까지 우리를 사랑하시는 하나님께서 참혹
한 지옥을 만드실 수밖에 없는 이유를 제시합니다. 아울러 한 영혼도
지옥에 떨어지지 않고 구원에 이르기 원하시는 하나님의 사랑을 깨
달아 깨어 있는 신앙생활을 하면서, 수많은 영혼을 구원의 길로 인도
할 것을 권면하며 마무리하였습니다.

하나님께서는 오늘도 집 나간 아들을 기다리는 애타는 아비의 심
정으로 모든 사람이 죄에서 돌이켜 구원에 이르기를 학수고대하십니

다. 그러므로 이 책을 읽는 분들마다 참혹한 지옥이 실제로 존재한다
는 사실을 깨달아 주님 품으로 돌아오기를, 더 깨어 있는 신앙생활을
하며 한 영혼이라도 더 천국으로 인도할 수 있기를 주님의 이름으로
기원합니다.

2010년 1월
빈금선 편집국장

c.o.n.t.e.n.t.s

천국과 지옥은
분명히 존재하는가?

천국의 비밀을 아는 것이
너희에게는 허락되었으나 저희에게는 아니 되었나니
마태복음 13:11

만일 네 눈이 너를 범죄케 하거든 빼어 버리라
한 눈으로 하나님의 나라에 들어가는 것이
두 눈을 가지고 지옥에 던지우는 것보다 나으니라
마가복음 9:47

교회를 개척한 뒤 얼마 지나지 않았을 무렵입니다. 기도하던 중에 하나님께서 지옥을 보여 주셨는데, 참으로 광활했습니다. 마치 끝없는 불의 바다를 보는 듯 했습니다. 온천의 수증기처럼 안개가 자욱한 공간에 불꽃이 이글거리는데 그 속에 희미하게 사람의 형체가 보였지요. 가슴 위까지 보이는 사람도 있고 머리만 보이는 사람도 있었는데, 얼마나 뜨거운지 온몸을 뒤틀며 뛰는 모습이 너무나 참혹했습니다.

지옥은 분명히 존재하는 영의 세계입니다. 사람의 영혼은 영원 불멸하기 때문에 이 땅의 삶을 마치면 누구나 천국 또는 지옥에서 영원히 살게 됩니다. 그런데도 아예 하나님을 부인하며 사망의 길로 가는 사람도 있고, 믿는다 하면서도 여전히 어둠 가운데 살면서 지옥을 향해 달려가는 사람이 얼마나 많은지요. 하나님께서는 많은 사람이 심판과 지옥의 형벌에 대하여 들음으로써 회개하여 천국에 이르기를 원하십니다.

1. 하나님의 심판으로 결정되는 사후 세계

젊은 시절, 저 역시 천국과 지옥에 대해 생각해 본 적이 없었습니다. 다만 질병의 고통과 절망스러운 현실을 잊기 위해 죽음을 생각했던 적은 있지만, 죽은 뒤 사후 세계가 기다리고 있음을 알지 못했습니다. 그 당시 제 모습은 폐인이나 다름없었습니다. 새 출발을 꿈꾸던 신혼 시절, 한순간의 과음이 불러온 소화기능 장애로 여러 합병증이 생겨 눈 외에는 성한 곳이 없었습니다. 전신 류머티즘성 관절염으로 뼈 마디마다 보기 흉한 고름과 물집이 잡히고 심한 통증 때문에 사람이 곁에 다가오는 것조차 두려웠습니다. 좋다는 병원 치료와 약을 써 보아도 차도가 없고 불어나는 빚과 가족들의 외면에 절망은 깊어갔습니다.

그러던 어느 날, 누님의 끈질긴 부탁으로 하나님의 전을 찾았습니다. 하나님을 믿겠다는 목적으로 간 것이 아닙니다. 초행길이라 안내를 해 달라는 간곡한 부탁을 거절할 수 없어 나선 것뿐입니다. 한창 치유 집회가 열리던 성전에 도착하여 무릎을 꿇는 순간, 온몸에 땀이 나면서 가뿐해졌습니다. 그때까지는 치료받은 사실을 깨닫지 못했습니다. 다음 날 아침이 되어서야 몸의 변화를 발견하고 치료받은 사실을 인정하지 않을 수 없었습니다.

이처럼 놀라운 치료의 체험을 통해 저는 살아 계신 하나님이 분명히 믿어졌습니다. 그날부터 교회에 나가 신앙생활을 하게 되었고 부흥성회에 참석하여 천국과 지옥이라는 사후 세계가 있음도 확실히 믿게 되었습니다. 주의 종으로 부름받은 후에는 살아 계신 하나님을 전하기 위하여 불같이 기도하며 권능을 사모했습니다. 하나님께서는 큰 권능을 주셨을 뿐만 아니라 영계의 비밀과 천국과 지옥에 대하여 자세히 알려 주셨고 저는 전 세계 만민에게 복음을 전하고 있습니다.

지난 세월을 돌아보면 질병으로 고통받은 시간들이 너무나 감사합니다. 만일 하나님을 만나지 않았더라면 영원한 지옥 불에서 세세토록 고통받아야 할 텐데 질병으로 인해 하나님을 만났고 구원받아 천국을 알게 되었으니 얼마나 감사한 일입니까.

많은 사람이 어찌하든 하나뿐인 목숨을 잃지 않으며, 어찌하든 더 오래 살고자 애쓰는 것을 봅니다. 하지만 누구도 죽음을 피할 수 없으며, 사후 세계는 분명히 있습니다. 천국과 지옥은 성경에 기록된 대로 분명히 존재하므로 하나님께서는 세계 곳곳의 사람들에게 천국과 지옥을 보여 주며 널리 전파하도록 하십니다.

누가복음 16장 19~31절을 보면 부자와 거지 나사로가 죽어 음부에 갔는데 두 사람의 형편이 전혀 다른 것을 알 수 있습니다. 하나님을 믿지 않던 부자는 불꽃 속에서 견딜 수 없는 고통을 받는 반면, 하나님을 믿었던 나사로는 부자와 멀리 떨어진 곳에서 믿음의 조상 아브라함 품에 안겨 안식합니다.

"이에 그 거지가 죽어 천사들에게 받들려

아브라함의 품에 들어가고 부자도 죽어 장사되매

저가 음부에서 고통 중에 눈을 들어

멀리 아브라함과 그의 품에 있는 나사로를 보고

불러 가로되 아버지 아브라함이여

나를 긍휼히 여기사 나사로를 보내어 그 손가락 끝에

사람이 이 땅의 삶을 마치고 죽음을 맞으면 하나님의 심판으로 사후 세계가 결정됩니다. 구약 시대에는 모세의 율법에 의하여 하나님의 심판이 이루어졌습니다. 신약 시대에는 예수 그리스도를 영접하고 하나님 말씀대로 살았는지에 따라 심판이 이루어집니다. 이 땅에서 아무리 호의호식해도 하나님을 믿지 않으면 사후에 음부에서 고통을 받아야 합니다. 반면 나사로처럼 병든 채 가난하게 살았어도 하나님을 믿으면 구원받아 영원한 안식을 누릴 수 있습니다.

구약 성경을 보면 야곱이나 욥과 같은 믿음의 선진은 자신들이 죽으면 음부로 갈 것을 말했으며(창 37:35 ; 욥 7:9), 하나님의 사람 모세를 대적한 고라와 그의 무리도 하나님의 진노를 사서 산 채로 음부에 빠졌다고 했습니다(민 16:33). 이처럼 천국에 속한 음부와 지옥에 속한 음부가 있습니다. 야곱이나 욥과 같은 믿음의 선진, 그리고 거지 나사로가 간 곳은 천국에 속한 윗음부이며, 모세를 대적한 고라나 부자가 간 곳은 지옥에 속한 아랫음부입니다.

2. 영의 세계인 천국과 지옥의 구조

성경을 보면 천국에 대하여 여러 이름이 나오므로 단순히 동일한 공간이 아님을 알 수 있습니다. 즉 천국을 말할 때에 음부라 하기도 하고 낙원, 혹은 새 예루살렘이라 표현하는데, 이는 구원받은 영혼이 가는 천국이 여러 공간으로 분류되어 있기 때문입니다.

구원받은 성도들은 마음에 할례하여 하나님의 형상을 되찾은 만큼 새 예루살렘에 있는 하나님 보좌 가까이 살게 됩니다. 그렇지 못한 만큼 믿음의 분량대로 3천층, 2천층, 1천층에 들어가며, 간신히 구원받은 사람은 낙원에 들어갑니다(『믿음의 분량』, 『천국 상·하』 참조). 지옥도 천국과 마찬가지로 다양한 공간이 있습니다. 구원받지 못한 사람들이나 악한 영들이 갇힌 곳을 음부라 하기도 하고 불못이나 유황못, 무저갱이라고도 합니다. 이 땅에서 악을 행한 정도에 따라 각기 다른 공간에 들어갑니다.

그러면 천국과 지옥은 과연 어떻게 생겼을까요? 이해를 돕기 위해 마름모꼴 형태를 떠올려 보시기 바랍니다. 마름모(◇)를 가로로 반을 자르면 위는 삼각형(△)이 되고 그 밑에는 역삼각형(▽)이 나옵니다. 위에 있는 삼각형을 천국, 아래에 있는 삼각형을 지옥이라 생각하면 이해하기 쉽습니다.

위의 삼각형(△:천국)에서 꼭대기가 새 예루살렘이고 제일 밑부분이 윗음부입니다. 윗음부 위에 낙원, 1천층, 2천층, 3천층, 새 예루살렘이 있지요. 하지만 이 세상의 건물처럼 1층, 2층, 3층의 개념으로 생각해서는 안 됩니다. 영의 세계는 이 땅에서 토지의 경계를 정하는 것처럼 한계를 그을 수 없고 그 형태를 단정지어 말할 수도 없습니다. 다만 육의 한계를 가진 사람이 이해하기 쉽도록 설명하는 것뿐입니다.

천국을 의미하는 위의 삼각형만을 본다면 꼭짓점 부분이 새 예루살렘이고 제일 아랫부분이 윗음부이며 위로 갈수록 더 좋은 천국입니다. 반면에 아래 삼각형(▽)을 보면 위의 제일 넓은 부분이 아랫음부이며 아래 꼭짓점에 가까워질수록 더 깊은 지옥입니다. 누가복음이나 요한계시록에 나오는 무저갱이 가장 깊은 지옥에 해당합니다

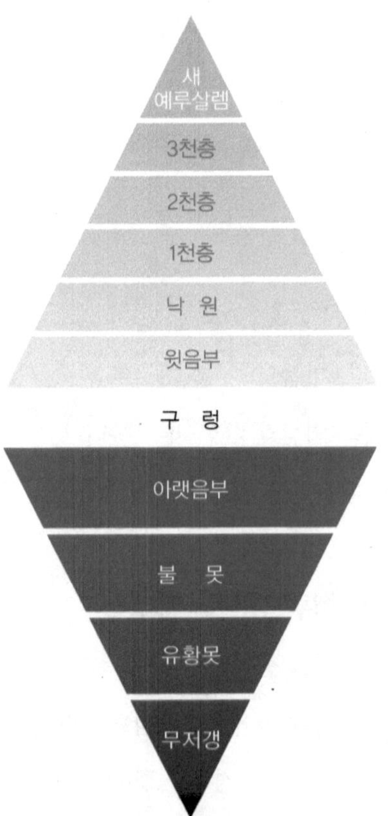

먼저 위의 삼각형(△)을 보면 윗음부와 낙원으로부터 새 예루살렘에 이르기까지 위로 올라갈수록 점점 좁아지는데 이는 하나님의 마음을 좇아 거룩하고 온전하여 새 예루살렘이나 3천층에 이른 사람이 낙원이나 1천층, 2천층에 이른 사람에 비해 그만큼 적다는 사실을 나타냅니다.

또한 지옥이 밑으로 갈수록 폭이 좁아지는 것은 양심에 화인 맞아 심히 악을 행하여 깊은 지옥에 가는 사람보다 죄를 적게 지은 사람이 더 많기 때문입니다. 그렇다고 이 말씀을

잘못 이해하여 천국은 삼각형처럼 생겼고 지옥은 역삼각형처럼 생겼다고 단정하면 안 됩니다.

천국과 지옥을 마름모 형태로 설명했지만 이 두 곳은 서로 인접해 있는 것이 아닙니다. 천국과 지옥은 측량할 수 없이 멀리 떨어져 있습니다. 더구나 그 중간에는 큰 구렁이 있어서 서로 왕래할 수 없습니다. 하지만 하나님께서 허락하시면 부자와 아브라함처럼 보고 듣고 대화를 나눌 수 있지요. 이는 지구 반대편에 있는 사람과 화상으로 대화할 수 있는 것과 비슷한 이치입니다.

3. 천국의 대기 장소인 윗음부와 낙원의 차이

윗음부는 정확히 천국이라고 할 수는 없지만 천국에 속한 장소입니다. 윗음부의 역할은 구약 시대와 신약 시대에 각각 다릅니다.

구약 시대에는 구원받은 영혼들이 윗음부에서 대기하고 있었습니다. 믿음의 조상 아브라함이 윗음부를 관리했기 때문에 나사로가 아브라함의 품에 안겨 있다는 기록이 나옵니다. 하지만 예수님께서 부활하신 후에는 구원받은 영혼들이 낙원에 들어가 주님 품에 안깁니다. 그래서 예수님께서 십자가에 달리셨을 때에 회개한 한 편 강도에게 "오늘 네가 나와 함께 낙원에 있으리라"(눅 23:43) 말씀한 것입니다.

그러면 예수님은 십자가에 달려 죽으신 후에 바로 낙원으로 들어

가셨을까요? 베드로전서 3장 19절에 "저가 또한 영으로 옥에 있는 영들에게 전파하시니라" 말씀하셨으니 예수님께서 구원받을 영혼들이 대기하는 윗음부에 가서서 복음을 전했다는 사실을 알 수 있습니다. 이렇게 윗음부에 가서 3일간 복음을 전한 예수님께서는 부활하신 후 구원받은 영혼들을 낙원으로 데리고 가셨습니다. 그리고 요한복음 14장 2절에 "내가 너희를 위하여 처소를 예비하러 가노니" 말씀한 대로 우리를 위해 천국의 처소를 예비하십니다. 이 부분에 대해서는 2장에서 좀 더 자세히 알아보겠습니다.

신약 시대에 천국의 대기 장소인 낙원

예수님께서 구원의 문을 활짝 여신 뒤에는 구원받은 영혼들이 낙원의 가장자리에 있는 천국의 대기 장소에 머뭅니다. 그러다가 백보좌 대심판이 끝난 후 믿음의 분량에 따라 천국의 각 처소로 들어가 영원히 살게 됩니다. 더러는 아담 이후로 무수히 많은 사람이 태어났는데 이들이 어떻게 낙원에서 함께 살 수 있는지 궁금하게 여깁니다. 그래서 "낙원이 아무리 넓다 해도 그들을 다 수용하기에는 좁지 않겠습니까?" 하고 묻지요.

지구가 속한 태양계는 은하계와 비교한다면 한 개의 점에 불과하며 은하계 역시 우주 전체와 비교해 볼 때에 작은 점과 같습니다. 이렇게 큰 우주가 한 개만 있는 것이 아니므로 우주의 크기는 상상하기도 어렵습니다. 하나님께서 육의 세계에 펼쳐 놓으신 우주도 사람의 지혜로는 측량할 수 없는데 하물며 영의 세계인 천국은 어떠하겠습니까? 낙원만 해도 사람이 상상할 수 없을 만큼 넓고 크다는 사실을 알아야 합니다.

낙원에 있는 천국의 대기 장소에서 영혼들은 선지자들로부터 영의 지식을 배웁니다. 하나님과 천국, 영계의 법칙 등을 배워 나가는데 이러한 영의 지식에는 끝이 없습니다. 영의 지식은 이 땅의 학문과 달리 어렵거나 지루한 것이 아닙니다. 배울수록 신기하고 충만하며 은혜가 됩니다.

이 땅에서도 마음이 깨끗하고 온유하여 하나님과 교통하는 사람들은 하나님으로부터 많은 영의 지식을 배울 수 있습니다. 또한 영안이 열리면 성령의 감동 속에서 여러 가지 영의 일을 깨우칠 수 있습니다. 믿음이나 응답과 관련한 영계의 법칙을 마음의 할례를 하는 만큼 터득해 나가므로 영에 속한 하나님의 능력을 체험합니다. 이 땅에서도 영에 속한 것을 배우면서 직접 체험할 때 매우 충만하고 행복하지요. 하물며 낙원에서 깊은 영의 지식을 배울 때 얼마나 즐겁고 행복하겠습니까.

그런데 낙원에 대기하고 있는 영혼을 가르치는 선지자들은 온전히 마음의 성결을 이루고 온 집에 충성한 분들입니다. 예를 들면, 엘리야, 에녹, 아브라함, 모세, 사도 바울, 사도 베드로, 사도 요한, 다윗, 사무엘 등이 이에 속하지요. 이런 분들은 대기 장소에 머물러 있는 것이 아니라 이미 새 예루살렘에 거하십니다.

다만 각각의 사명에 따라 주로 하나님의 보좌 곁에 머물러 하나님을 섬기는 분도 있고, 낙원의 가장자리에 가서 그곳의 영혼들에게 영의 지식을 가르치는 분도 있습니다. 또 하나님께서 허락하시면 이 땅에 다녀갈 수도 있지요. 아브라함은 예수님께서 십자가에서 죽으시고 부활하시기 전까지 윗음부를 관리하고 있었습니다. 예수님께서 부활하신 뒤에는 천국의 대기 장소가 낙원으로 옮겨지게 되어 새 예루살렘에 거하지만 필요에 따라 윗음부에 머물기도 합니다.

윗음부에서 영의 세계에 적응한 후 낙원에서 대기

어떤 영화를 보면 사람이 죽었을 때에 육체와 똑같이 생긴 영혼이 빠져 나와 천사 혹은 저승사자를 따라가는 장면이 나옵니다. 실제로 사람의 수명이 끝나 영혼이 육체에서 분리되면 구원받은 영혼은 흰 옷 입은 두 천사를 따라 천국으로 갑니다. 이렇게 몸을 빠져 나온 영혼은 얼마나 낯선 느낌이 들겠습니까? 몸 안에 있을 때와는 전혀 다르지요. 이제까지 살아온 3차원의 세계에서 4차원인 영의 세계로 옮겨져 엄청난 변화를 경험합니다.

우선 예전처럼 무게를 느끼지 않으니 붕붕 날 것 같습니다. 그러니 영의 세계에 적응하면서 기본적인 것을 배울 시간이 필요하지요. 이런 이유로 신약 시대에 구원받은 영혼이 낙원의 대기 장소로 들어가기 전에 3일 동안 임시로 머물면서 적응하는 장소가 바로 윗음부입니다.

4. 지옥의 대기 장소인 아랫음부

지옥의 제일 윗부분은 아랫음부이고 아래로 갈수록 점점 더 깊은 불과 유황의 지옥이 있으며 가장 깊은 곳이 바로 무저갱입니다. 그런데 창세 이래 구원받지 못하고 죽은 영혼은 곧바로 불못이나 유황못으로 들어간 것이 아니라 아직 아랫음부에 머물러 있는 상태입니다. 간혹 지옥을 보고 왔다는 사람들의 간증을 들을 수 있는데 바로 아랫음부에서 고통받는 장면을 본 것이지요. 각자의 죄과에 따라 아랫음부에서 형벌을 받으며 갇혀 있던 영혼들은 백보좌 대심판 후에 불못이나 유황못으로 던져집니다.

아랫음부는 무시무시한 지옥사자들의 고문을 비롯한 갖가지 형벌이 가해지는 장소로 피비린내와 시체 썩는 냄새가 진동하여 숨쉬기조차 어려운 곳입니다. 오죽하면 아랫음부에서 고통받는 부자가 '손가락 끝에 물을 찍어 내 혀를 서늘하게 하소서 내가 이 불꽃 가운데서 고민하나이다'(눅 16:24) 하면서 물 한 방울을 얻고자 간청하겠습니까. 끊임없이 솟아오르는 불길 가운데서 신음하며 죽고 싶어도 죽을 수 없는 고통과 극도의 공포, 절망감을 견뎌야 합니다.

아랫음부에서의 형벌도 이처럼 끔찍한데, 이와는 비교할 수도 없는 불못과 유황못에서의 형벌을 어떻게 설명할 수 있을까요. 부자는 지옥을 믿지 않다가 죽은 후에야 타오르는 불꽃 속에서 자신의 어리

석음을 깨닫고 후회합니다. 이때 부자는 아브라함에게 부탁하기를, 구원받은 나사로를 자신의 형제들에게 보내 자기가 고통받는 곳에 오지 않게 해 달라고 말합니다.

"그러면 구하노니 아버지여
나사로를 내 아버지의 집에 보내소서
내 형제 다섯이 있으니 저희에게 증거하게 하여
저희로 이 고통받는 곳에
오지 않게 하소서…
만일 죽은 자에게서 저희에게 가는 자가 있으면
회개하리이다"(눅 16:27~30)

만약 부자가 자기 형제들에게 직접 말할 수 있다면 어떻게 전했겠습니까? "지옥은 분명히 있으니 하나님 말씀대로 살아 이처럼 무섭고 끔찍한 곳에 오지 말아야 한다."고 애절하게 당부했을 것입니다. 부자는 자기 형제들이 구원받기를 원하는 사람이니 마음에 선이 전혀 없었던 것은 아닙니다. 그런데도 구원받지 못하고 지옥에 떨어졌으니 구원이란 사람 보기에 선하다 해서 얻을 수 있는 것이 아님을 알 수 있습니다. 구원의 기준이나 선의 기준은 오직 하나님의 말씀에서 찾아야 합니다.

사후 세계를 준비하며 전도에 힘써야

사람은 대부분 이 세상의 명예와 권세, 부귀와 영화를 누리며 건강하게 오래 살고자 힘쓰지만 진정 지혜로운 사람은 사후 세계를 준비합니다. 아무리 힘쓰고 애써서 억만금을 모았다 해도 막상 세상을 떠날 때에는 아무것도 가져갈 수 없음을 알기 때문에 성경에 기록된 하나님 말씀대로 하늘나라에 보화를 쌓는 것입니다.

하나님을 믿고 신앙생활을 했는데도 천국에 가 보니 자기 집이 없더라고 하는 간증을 들어보신 적이 있을 것입니다. 그러나 열심히 신앙생활 하면서 하늘나라에 쌓았다면 얼마나 크고 아름다운 집이 지어졌겠습니까. 그러니 다시 오실 주님을 맞이하기 위해 신부 단장하며 열심히 하늘나라에 상을 쌓는 사람이 복되고 현명한 사람이지요.

또한 주님을 모르는 사람들에게 열심히 천국과 지옥을 전하면 하나님께서 얼마나 기뻐하시겠습니까. 많은 영혼을 구원의 길로 인도하는 사람은 하나님께서 이 땅에서뿐 아니라 천국에서도 해와 같이 빛나는 영광에 있도록 축복하십니다.

2장

복음을 듣지 못한 사람은 어떻게 구원받는가?

율법 없는 이방인이 본성으로
율법의 일을 행할 때는 이 사람은 율법이 없어도
자기가 자기에게 율법이 되나니 이런 이들은
그 양심이 증거가 되어 그 생각들이 서로 혹은 송사하며
혹은 변명하여 그 마음에 새긴 율법의 행위를 나타내느니라
로마서 2:14~15

여호와께서 그에게 이르시되 그렇지 않다 가인을 죽이는 자는
벌을 칠 배나 받으리라 하시고 가인에게 표를 주사 만나는
누구에게든지 죽임을 면케 하시니라
창세기 4:15

하나님을 믿지 않는 사람 중에서도 천국과 지옥을 인정하는 사람이 많지만 그렇다고 해서 그들이 천국에 들어갈 수 있는 것은 아닙니다. 요한복음 14장 6절에 "내가 곧 길이요 진리요 생명이니 나로 말미암지 않고는 아버지께로 올 자가 없느니라" 말씀하신 대로 오직 예수 그리스도를 통해서만 구원받아 천국에 이를 수 있습니다.

"네가 만일 네 입으로 예수를 주로 시인하며

또 하나님께서 그를 죽은 자 가운데서 살리신 것을

네 마음에 믿으면 구원을 얻으리니

사람이 마음으로 믿어 의에 이르고

입으로 시인하여 구원에 이르느니라"(롬 10:9~10)

1. 양심 심판에 의한 구원

그렇다면 예수 그리스도를 알지 못하여 믿지 못한 사람들은 어떻게 되는 것일까요? 예수님께서 이 땅에 오시기 전에 살았던 구약 시대의 사람들이나 신약 시대라도 복음을 듣지 못하고 죽은 사람은 어떻게 되는지 궁금하지 않을 수 없습니다. 또 아직 믿음을 인식할 수 없는 어린아이 때에 죽었거나 낙태와 유산으로 죽은 태아는 어떻게 될까요? 예수 그리스도를 믿지 않았으니 무조건 지옥에 가는 것일까요? 그렇지 않습니다. 하나님은 이런 영혼에게도 공의 가운데 구원의 문을 열어 주셨는데 이것이 바로 '양심 심판'입니다. 구약 시대에 이스라엘 백성은 모세를 통해 주신 율법을 지켜 행함으로써 구원을 받았습니다. 그런데 구약 시대라도 하나님을 알지 못하고 율법을 몰랐던 민족이나 신약 시대에도 복음을 듣지 못한 사람의 경우에는 양심 심판에 의해 구원 여부가 정해지는 것입니다.

윗음부에 머물다가 복음을 듣고 구원받아

로마서 1장 20절에 "창세로부터 그의 보이지 아니하는 것들 곧 그의 영원하신 능력과 신성이 그 만드신 만물에 분명히 보여 알게 되나니 그러므로 저희가 핑계치 못할지니라" 말씀한 대로 마음이 선한 사람들은 질서 있게 창조된 천지 만물을 보아도 신의 존재를 믿습니다. 또한 전도서 3장 11절에는 하나님께서 사람에게 영원을 사모하는 마음을 주셨다고 했습니다. 그래서 마음이 선한 사람은 본성이 신을 찾으며 막연하게나마 영원한 사후의 세계를 믿습니다.

비록 복음을 듣지 못했다 해도 하늘을 두려워하여 선하고 의롭게 살려고 힘쓰지요. 그러니 복음을 들었다면 당연히 주님을 영접하고 구원받아 천국에 갈 수 있지 않겠습니까. 그러므로 하나님께서는 구약 시대에 선한 양심을 지닌 사람을 천국으로 들이고자 예수님이 그들에게 복음을 전파할 때까지 윗음부에 머물게 하셨습니다.

성경을 보면 예수님께서 십자가에서 운명한 뒤 윗음부에 가셔서 복음을 전한 사실을 알 수 있습니다. 베드로전서 3장 19절에 "저가 또한 영으로 옥에 있는 영들에게 전파하시니라” 하신 대로 윗음부에 머무는 영혼들도 주님의 보혈의 공로에 힘입어 구원받을 수 있도록 그들에게 자신을 증거하신 것입니다. 그러자 윗음부에 머물던 선한 영혼들은 곧바로 예수 그리스도를 알아보고 복음을 받아들임으로 구원에 이를 수 있었습니다.

하나님께서는 오직 예수 그리스도 외에 구원받을 만한 다른 이름을 우리에게 주신 일이 없습니다(행 4:12). 따라서 신약 시대라도 복음을 듣지 못하여 양심 심판으로 구원받을 사람들은 죽은 후 3일간 윗음부에 머물면서 예수 그리스도를 영접하고 천국에 들어갑니다. 그러나 양심을 더럽혀 정욕을 좇아 죄 가운데 산 사람은 설령 복음을 들을 기회가 있다 해도 여전히 믿지 않을 것이기 때문에 양심 심판에 의해서도 구원받지 못하고 아랫음부에 떨어집니다.

양심 심판의 기준을 사람이 정확하게 구별할 수는 없습니다. 그러나 전지전능하신 하나님께서는 중심을 아시므로 각 사람의 양심을 분별하여 심판할 수 있습니다. 로마서 2장 14~15절을 보면 양심 심판의 내용이 나오는데 선한 사람들은 자기 양심이 율법이 되어 선과 악을 증거함을 알 수 있습니다.

"율법 없는 이방인이 본성으로 율법의 일을 행할 때는

이 사람은 율법이 없어도 자기가 자기에게 율법이 되나니

이런 이들은 그 양심이 증거가 되어

이렇게 양심에 따라 선을 좇아 산 사람으로 이순신 장군을 들 수 있습니다. 이순신 장군은 예수 그리스도를 몰랐지만 참으로 진리에 합당한 사람이었습니다. 그는 나라와 임금을 위해서 생명 바쳐 충성했고 백성을 사랑했으며, 부모에게 효도하고 형제간에 우애가 있었습니다. 또한 명예와 권세, 부를 얻고자 하지 않았지요.

억울한 누명을 써도 누구를 원망하거나 원수를 갚고자 하지 않았습니다. 자신을 귀양 보낸 왕이 다시 전쟁터에 나가라 해도 감사의 예를 올리며 전력을 재정비하여 생명 다하기까지 싸웠습니다. 그런가 하면 나라에 큰일을 앞두고는 언제나 무릎 꿇고 신을 향하여 기도를 올렸습니다. 하나님을 인정한 것이지요. 그러니 공의와 사랑의 하나님께서 당연히 그를 구원해 주시지 않았겠습니까.

양심 심판에서 제외되는 사람들

그러면 예수 그리스도를 알면서도 믿지 않은 사람들은 양심 심판의 대상이 될 수 있을까요?

만일 가족에게 복음을 전했는데도 받아들이지 않았다면 이들은 결코 양심 심판의 대상이 될 수 없습니다. 복음을 접할 수 있는 기회가 있었거나 누군가 전도했는데도 듣지 않고 배척했다면 당연히 구원받을 수 없습니다. 하지만 비록 양심이 악하여 구원받기 힘든 사람이라도 포기하지 않고 전도한다면 그만큼 돌이킬 수 있는 기회를 얻는 것이니 열심히 전도해야 합니다. 하나님의 자녀라면 누구나 복음에 빚진 자로서, 전도해야 할 사명이 있습니다. 만일 부모와 형제, 가족과 친지를 전도하지 않았다면 하나님께서 심판 때에 물으실 것입니다.

"어찌하여 너의 부모와 형제를 구원하지 못했느냐? 네 자녀와 친구는 어찌 되었느냐?"

진정 독생자를 희생하신 하나님의 사랑을 안다면, 십자가를 지신 주님의 사랑을 안다면 때를 얻든지 못 얻든지 뭇 영혼에게 열심히 복음을 전해야 합니다. 영혼을 구원하는 것이 곧 십자가 위에서 "내가 목마르다" 말씀하신 예수님의 목마름을 해소하고, 그 피 값을 찾아 드리는 길이기 때문입니다.

2. 낙태 또는 유산으로 태어나지 못한 태아의 경우

어머니 뱃속에 있다가 유산된 태아는 어떻게 되는 것일까요? 사람의 영혼은 아무리 어리다 해도 결코 소멸될 수 없기 때문에 일단 육의 생명이 끊어지면 반드시 천국이나 지옥 중 어느 한 곳으로 갑니다.

태아에게는 잉태된 지 6개월이 되면 영혼이 깃듭니다. 그래서 누가복음 1장 41~44절을 보면 6개월 된 태아가 복중에서 영적으로 반응하는 장면이 나옵니다. 태중의 세례 요한이 예수님을 잉태한 동정녀 마리아가 오자 기뻐 뛰놀았지요. 의학적으로도 태아의 청각기관이 거의 완성되고 눈꺼풀이 생기면서 눈을 뜨는 것이 5개월 이후라고 합니다. 또한 대뇌 기능을 활발하게 하는 뇌의 주름도 5, 6개월 사이에 생긴다고 합니다. 영혼은 6개월째부터 깃들므로 그 전에 유산되면 천국과 지옥 어느 곳에도 가지 않습니다.

전도서 3장 21절에 "인생의 혼은 위로 올라가고 짐승의 혼은 아래 곧 땅으로 내려가는 줄을 누가 알랴" 말씀하신 대로 영이 없고 혼만 있는 짐승은 죽으면 그대로 사라집니다. 마찬가지로 잉태된 지 5개월까지의 태아는 생명이 끊어지면 그대로 소멸됩니다.

낙태는 살인을 범하는 큰 죄

잉태된 지 5개월까지의 태아에게는 아직 영혼이 주어지지 않았으니 낙태해도 죄가 되지 않을까요? 영혼이 주어지는 시기와 상관없이 사람의 생명을 주관할 권세를 지닌 분은 오직 하나님뿐입니다. 시편 139편 15~16절을 보면 "내가 은밀한 데서 지음을 받고 땅의 깊은 곳에서 기이하게 지음을 받은 때에 나의 형체가 주의 앞에 숨기우지 못하였나이다 내 형질이 이루기 전에 주의 눈이 보셨으며 나를 위하여 정한 날이 하나도 되기 전에 주의 책에 다 기록이 되었나이다" 말씀하셨습니다.

하나님께서는 태 속에 생기기도 전에 우리를 아셨고, 또한 주의 책에 기록할 정도로 우리의 앞날에 대한 생각과 계획을 다 갖고 계십니다. 그러니 비록 잉태된 지 5개월까지의 태아라 할지라도 감히 피조물인 사람이 생명을 주관할 수는 없습니다. 생사화복은 하나님께 달려 있는데 사람이 임의로 생명을 끊는다면 이는 살인이며 하나님의 주권을 침해한 것입니다. 게다가 자녀를 죽였으니 어찌 그 죄가 작다 할 수 있겠습니까?

아이를 잉태한 부모가 자기 유익을 위해 낙태하거나 이에 동조하는 것은 창조주의 역사를 거스르는 매우 악한 일로 반드시 그 대가를 받습니다. 아무리 여의치 않은 상황이라 해도 생명에 대한 하나님의 주권을 넘어서는 것은 결코 합당치 않은 일입니다.

잉태한 지 6개월 이상 된 태아를 낙태할 때에는 상황이 더 심각합니다. 이미 영혼이 주어진 상태이므로 장성한 사람을 살인한 것과 같습니다. 하나님 앞에 큰 죄가 되기 때문에 갖가지 시험 환난으로 고통당합니다. 이러한 죄의 문제를 해결하지 못할 때에는 하나님과 점점 멀어지고 결국 돌이킬 수 없는 지경에 이르기도 합니다. 하나님을 모르는 사람이라 할지라도 낙태하면 보응이 따르고 시험 환난이 임합니다. 죄의 담을 헐지 않으면 하나님께서 외면하시기 때문에 시험 환난이 끊이지 않는 것입니다.

하나님께서 계명을 주신 목적은 사람들에게 하나님의 뜻을 전하여 그들이 회개하고 구원에 이르도록 인도하기 위해서입니다. 결코 사람을 정죄하려는 것이 아니지요. 마찬가지로 이런 사실을 알려 주는 것도 우리가 진리를 알아 범죄하지 않고 과거의 죄일지라도 회개하여 담을 헐게 하기 위해서입니다. 그러므로 과거에 그와 같은 일이 있었다면 철저히 통회자복하고 하나님 앞에 화목 제물을 드려 죄의 담을 헐어야 합니다. 그러면 시험 환난이 떠나고 하나님께서는 동이 서에서 먼 것같이 그 죄를 기억하지 않으십니다.

그런데 낙태를 한다 해도 상황에 따라 죄의 경중이 다릅니다. 예를 들면, 성폭행을 당하여 임신한 경우에 낙태를 한다면 죄가 상대적으로 가볍지만, 결혼한 부부가 원치 않는 아이를 잉태하여 낙태할 경우에는 그만큼 무거워집니다. 만일 여러 사정으로 아이를 원치 않는다면 하나님께 기도로 맡기고 친히 역사하시기를 구해야 합니다. 이때 하나님께서 역사하시지 않는다면 아기를 낳아야 하지요.

영혼이 주어진 태아는 대부분 구원받지만 예외도 있어

태아에게 영혼이 주어졌다고 해도 아직은 무엇을 듣고 이성적으로 이해하거나 자기 의지로 믿을 수 있는 상태가 아닙니다. 그러니 하나님께서도 이 시기에 죽은 영혼에 대해서는 자신의 믿음이나 부모의 믿음에 상관없이 대부분 구원받게 하십니다. 여기서 대부분이라 하는 까닭은 극히 소수이기는 하지만 구원받지 못하는 경우도 있기 때문입니다.

부모나 조상이 하나님을 크게 대적하고 심히 악을 쌓아 잉태될 때부터 구원과는 상관없을 정도로 악한 기(氣)를 받은 경우가 여기에 해당됩니다. 이에는 주술사의 아이도 있으며, 우리나라 역사에 나오는 장희빈처럼 시기 질투 속에서 상대의 화상을 붙여 놓고 활로 쏘는 등 영혼을 저주한 부모의 기를 받은 아이도 있을 수 있습니다.

또한 믿는다고 하는 사람 중에도 심히 악한 사람이 있지요. 성령의 역사를 훼방, 모독, 거역하는가 하면, 하나님께 영광 돌리는 사람을 시기하여 어찌하든 죽이고자 하는 경우입니다. 이처럼 악한 부모가 잉태한 아이 역시 악한 기를 받으므로 구원받을 수 없습니다. 그러나 이는 극히 예외적인 경우이며 모태에서 죽은 영혼들은 대부분 구원받습니다. 다만 이들은 이 땅에서 인간 경작을 받지 않았으므로 백보좌 대심판 후에도 계속 윗음부에 머물지요.

구원받은 태아는 영원히 윗음부에

6개월 이상 된 태아가 죽어 그 영혼이 윗음부에 갔을 때에는 인간 경작을 받지 않았으므로 어머니 뱃속에 있을 때와 같이 백지 상태입니다. 이 영혼들은 주님 공중 강림 때까지, 마치 모태 속에 있는 것처럼 윗음부에 보존되어 있습니다. 그러다가 주님 공중 강림과 함께 성도들이 부활체를 입을 때 이들도 그 영혼에 맞게 변화된 육을 입습니다.

주님과 같이 신령하고 영원한 육을 입는 것과는 달리 이들은 변화하고 성장하는 육을 입으므로 처음에는 어린아이 상태였다가 점점 성장하여 적절한 시기에 성장이 멈춥니다. 이들은 장성한 후에도 영원히 윗음부에 있으면서 백지 같은 영혼 안에 진리의 지식을 채워 나갑니다. 이는 아담을 생각하면 쉽게 이해할 수 있습니다.

아담은 처음 창조될 당시 갓난아이와 같이 아무것도 모르는 상태였습니다. 그래서 하나님께서는 수많은 세월을 친히 동행하면서 여러 가지 영의 지식을 가르치신 것입니다. 에덴동산의 아담은 전혀 악이 없는 상태로 창조되었지만, 윗음부에 있는 태아의 영혼들은 조상의 죄성을 기 속에 물려받았기 때문에 영적으로 아담보다는 못한 상태입니다.

3. 출생 후 5세까지의 어린아이

출생 후부터 5세까지의 어린아이는 대체로 부모의 신앙, 특히 어머니의 신앙에 따라 구원 여부가 결정됩니다. 부모에게 구원받을 만한 믿음이 있고 자녀를 신앙 안에서 바르게 양육했다면 그 아이도 구원받습니다(고전 7:14). 하지만 부모가 믿지 않았다고 해서 아이가 무조건 구원받지 못하는 것은 아닙니다.

창세기 25장에 보면 에서와 야곱이 뱃속에서 서로 싸울 때에 장차 야곱이 형 에서보다 크게 될 것을 미리 안 것과 같이 하나님께서는 모든 것을 아십니다. 즉 죽지 않고 성장할 때에 나중에라도 복음을 듣고 예수 그리스도를 영접할 선한 마음이 있는 아이라면 부모의 믿음과 상관없이 양심 심판을 적용하여 구원에 이르게 하십니다. 하지만 부모에게도 구원받을 만한 믿음이 없고 어린아이도 양심 심판을 통과하지 못한다면 지옥에 속한 아랫음부로 떨어질 수밖에 없습니다.

오래전 일입니다. 어느 부부가 잉태하지 못하다가 하나님께 서원하여 아기를 얻었습니다. 그런데 이 아이가 자라다 교통사고로 갑작스럽게 죽었습니다. 그 원인을 알아보니 부모가 아기를 얻은 후부터 신앙이 식어 하나님과 멀어진 것입니다. 결국 세상에 물들어 가는 부모 탓에 아이는 하나님 말씀을 배우던 선교원에도 갈 수 없었고, 찬송만 하던 아이의 입술에서 세상 노래가 흘러 나왔지요.

그 당시 아이에게는 구원받을 믿음이 있었지만 그대로 두면 부모의 영향을 받아 구원받지 못할 상황이었습니다. 그래서 하나님께서는 아이의 영혼을 불러 구원받게 하고 부모에게도 회개할 수 있는 기회를 주신 것입니다. 그러나 굳이 아이를 먼저 보내지 않고도 부모가 회개할 수 있다면 그렇게까지 하지 않으십니다.

이처럼 부모의 신앙 상태가 어린아이의 구원에 직접적인 영향을 미칩니다. 그러므로 부모는 자녀들을 위해 기도할 뿐 아니라 예배를 신령과 진정으로 잘 드리는지 점검하며 가정에서도 기도생활을 잘할 수 있도록 몸소 본을 보이며 가르쳐야 합니다.

4. 6세부터 사춘기 이전의 어린아이

6세 이후부터 사춘기 이전, 약 12세 정도까지의 아이들은 어떻게 구원받는 것일까요? 이 시기에는 복음을 들을 때에 이해할 수 있는 이성을 가지고 있으며, 백 퍼센트는 아니라 해도 자신의 생각과 의지에 따라 스스로 신앙을 선택할 수 있습니다. 여기서 6세나 12세라는 기준은 자로 재듯이 정확한 수치는 아닙니다. 사람마다 정신의 성장과 발달에 다소 차이가 있기 때문입니다. 다만 자신의 생각과 의지 속에서 신앙을 선택할 수 있는지, 없는지를 구분하는 보편적인 기준을 말하는 것입니다.

부모와 상관없이 자신의 믿음에 따라 구원

보통 6세부터는 믿음을 이성적으로 받아들일 수 있기 때문에 부모와 상관없이 자신의 신앙에 따라 구원이 결정됩니다. 그러니 아무리 부모의 믿음이 좋다 해도 자녀에게 믿음을 심어 주지 못했다면 지옥에 갈 수밖에 없습니다. 부모가 불신자이고 자녀도 주님을 영접하지 않았다면 더욱 구원받기 어렵지요.

굳이 사춘기 이전까지를 그 이후와 구별하여 설명하는 까닭은 그래도 이때까지는 하나님의 사랑 가운데서 양심 심판이 적용되는 경우가 있기 때문입니다. 아직은 부모에게 속해서 자신의 의지에 따라 독립적으로 무엇을 결정할 수 있는 시기는 아니므로 하나님께서 다시 한 번 기회를 주실 수 있습니다. 예를 들어, 현재 믿음을 가진 사람 중에도 어릴 때에는 부모님의 반대로 신앙생활을 하지 못한 경우가 있을 것입니다.

선한 아이는 전도를 받으면 주님을 영접하고 교회에 다니다가도 우상을 섬기는 부모가 핍박하여 교회에 나오지 못하는 경우가 있습니다. 그러나 좀 더 성숙하여 중학생쯤 되면 스스로 옳다고 믿는 것을 선택할 수 있습니다. 아무리 부모가 반대하고 핍박할지라도 정녕 믿는다면 자기의 신앙을 지킬 수 있습니다.

양심 심판이 적용되는 경우도 있어

우리 교회 여 성도 중에는 초등학생 때부터 핍박을 무릅쓰고 충실하게 교회에 다닌 분이 있습니다. 집에서 교회에 오기까지 여러 번 차를 갈아타야 하고 1시간 30분이 넘게 걸리는 먼 거리인데도 주일마다 교회에 나와 예배를 드렸습니다. 토요일에는 학생예배까지 열심히 참석했지요.

당시 선천성 경직성 뇌성마비로 인해 척추가 휘고 한쪽 다리가 4cm나 짧은 상태여서 늘 바지를 입고 절뚝거리며 교회를 다녔는데 대학교에 입학하던 해에 처음으로 부흥성회에 참석하여 척추가 펴지고 짧았던 한쪽 다리도 길어져 정상이 되었습니다. 비록 학생이라 해도 자신의 믿음으로 하나님께 치료받고 크게 영광 돌렸을 뿐만 아니라 건강해져서 이제는 결혼도 하여 아기까지 출산했습니다.

이처럼 장차 믿음 가운데 들어올 수 있는 어린아이가 장성하기 전에 죽었다면 하나님께서는 그 중심을 아시므로 양심 심판에 의해 구원에 이르게 하십니다. 하지만 주님을 믿지도 않았고 양심 심판조차 통과하지 못한 아이들은 더 이상 기회가 없으므로 지옥으로 갑니다. 더욱이 장성한 사람이라면 전적으로 자신의 믿음에 따라 구원 여부가 결정됩니다.

열악한 환경 속에 태어났어도 하나님께 매달리면 구원

세상 물정을 모르는 철없는 어린아이들의 구원은 부모가 어떤 사람이며 조상의 기가 어떠한지에 따라 크게 좌우됩니다. 조상이 몹시 악을 행하고 우상을 섬겨 아이가 정신 이상이나 정신박약아로 태어나기도 하고 어릴 때부터 귀신 들린 경우도 있지요. 이는 영적으로 조상과 부모의 영향을 받기 때문입니다.

이에 대하여 신명기 5장 9~10절을 보면 "그것들에게 절하지 말며 그것들을 섬기지 말라 나 여호와 너의 하나님은 질투하는 하나님인즉 나를 미워하는 자의 죄를 갚되 아비로부터 아들에게로 삼사 대까지 이르게 하거니와 나를 사랑하고 내 계명을 지키는 자에게는 천 대까지 은혜를 베푸느니라" 말씀하셨습니다. 또한 고린도전서 7장 14절에는 "믿지 아니하는 남편이 아내로 인하여 거룩하게 되고 믿지 아니하는 아내가 남편으로 인하여 거룩하게 되나니 그렇지 아니하면 너희 자녀도 깨끗지 못하니라" 하셨습니다. 부모가 올바른 신앙생활을 하지 않으면 자녀도 구원받기가 쉽지 않지요.

하지만 아무리 악한 조상이나 부모의 나쁜 기를 타고났다 해도 주의 이름을 부를 때에 하나님께서는 결코 외면하지 않으십니다. 진실하게 회개하고 어찌하든 진리 가운데 살고자 힘쓰는 사람에게는 응답하시며 구원해 주십니다. 히브리서 11장 6절에 "믿음이 없이는 기쁘시게 못하나니 하나님께 나아가는 자는 반드시 그가 계신 것과 또한 그가 자기를 찾는 자들에게 상 주시는 이심을 믿어야 할지니라" 하셨으니 믿음으로 행하여 하나님을 기쁘게 하면, 아무리 좋지 않은 중심을 타고났다 해도 변화시켜 천국으로 인도하십니다.

그렇다면 본인이 정신 장애를 가졌거나 귀신 들리는 등 스스로 믿음을 가질 수 없을 때에는 어떻게 해야 할까요?

부모나 가족이 대신 회개하면서 기도와 금식으로 하나님이 감동할 만한 믿음을 내보일 때 구원의 문을 열어 주십니다. 만일 이러한 기회를 얻기도 전에 아이가 죽었다면 그 영혼에 대한 부모의 책임이 얼마나 크겠습니까? 그러니 우리가 하나님의 뜻대로 사는 것은 자신뿐만 아니라 후손에게도 매우 중요한 일입니다.

5. 첫 사람 아담과 하와는 구원받았을까?

하나님께서는 하나님 형상에 따라 아담을 지은 후 참으로 큰 사랑을 베푸셨습니다. 아름다운 에덴동산으로 이끌어 아무 부족함 없이 살게 하셨지요. 더구나 천하 만물을 지배하는 권세를 주셨기 때문에 땅과 하늘과 물속의 모든 동물을 다스렸습니다. 그런데도 아담과 하와는 간교한 뱀의 미혹에 넘어가 하나님께서 금하신 선악과를 먹고 말았습니다. 정녕 죽으리라는 하나님 말씀대로 죽게 되었는데 바로 영의 죽음이었습니다. 그리하여 영의 세계인 에덴동산에서 쫓겨나 저주받은 이 땅에서 인간 경작을 받게 되었습니다.

그렇다면 이들은 과연 구원받았을까요? 더러는 구원받지 못했을 것이라고 생각합니다. 그러나 하나님께서는 이들에게도 구원의 문을 열어 주셨습니다.

회개를 받고 구원의 문을 열어 주신 하나님

하나님께서는 설령 살인자라 할지라도 중심에서 회개하고 돌이키면 용서하십니다. 비록 범죄했다 해도 아담과 하와는 오늘날에 비하면 선한 양심을 지녔으니 중심으로 회개한다면 하나님께서 어찌 용서하지 않으시겠습니까?

아담과 하와는 이 땅에서 인간 경작을 받으면서 많은 슬픔을 당하였습니다. 죄로 인한 눈물과 슬픔을 알게 되었고 아들들이 죽이고 죽는 고통을 겪어야 했습니다. 이러한 삶이 이어지면서 아담과 하와는 하나님의 사랑과 보호 가운데 살던 때가 얼마나 좋았는지 깨달았고 비로소 예전에 받았던 사랑에 대한 감사가 생겨났으며 자신들의 잘못을 철저히 회개하였습니다.

죄의 삯은 사망이지만 회개에 합당한 열매를 맺으면 하나님께서 죄를 용서하십니다. 하지만 이들은 간신히 구원받아 낙원에 이르렀습니다. 하나님의 크신 사랑을 받고도 그 사랑을 저버린 것이 결코 작은 일이 아니기 때문입니다. 아담과 하와가 낙원밖에 갈 수 없는 또 다른 이유는 이들의 불순종 때문에 수많은 사람이 고통받으며 사망으로 갔기 때문입니다. 비록 선악과를 먹은 것이 인간 경작의 섭리 가운데 허락된 일일지라도, 불순종의 결과가 너무나 엄청나기 때문에 낙원보다 더 좋은 천국엔 갈 수 없고 자연히 영광스런 상급도 얻지 못하는 것입니다.

사랑과 공의 가운데 역사하시는 하나님

잠시 하나님의 사랑과 공의에 대한 이해를 돕기 위해 사도 바울의 경우를 보겠습니다. 사도 바울은 주님을 알지 못했을 때 예수 믿는 사람들을 잡아 핍박하고 감옥에 보냈으며, 그들을 죽이는 데에 앞장선 사람입니다. 스데반 집사가 주님을 증거하다가 순교할 때에도 당연한 일로 여겼지요.

그러던 그가 주님을 영접했을 때에 주님께서는 앞으로 이방인의 사도가 될 것과 엄청난 고난이 따를 것을 말씀하셨습니다. 이후부터 사도 바울은 철저히 통회자복하며 오직 주님을 위하여 일생을 보내지요. 복음을 전파하는 동안 수없이 고난받으면서도 기쁨으로 그 길을 갔고, 과거의 죄 값을 치르며 순교하기까지 충성하였기 때문에 하나님 보좌가 있는 새 예루살렘에 들어갈 수 있었습니다.

이 땅에서 심은 대로 거두는 것이 자연의 법칙이듯 영계의 법칙도 마찬가지입니다. 우리가 하나님 앞에 선을 행하고 심으면 선을 거두지만 악을 행하면 악을 거두는 것입니다. 그러므로 사도 바울의 경우처럼 악을 행한 것을 회개하더라도 반드시 그에 따른 보응이 있다는 사실을 깨달아 항상 자신을 돌아보며 깨어 있어야 합니다.

6. 최초의 살인자 가인은 어떻게 되었을까?

복음을 듣지 못하고 죽은 인류 최초의 살인자 가인은 어떻게 되었을까요? 양심 심판으로 구원받았을까요? 아니면 구원받지 못하여 아랫음부에 머물러 있을까요?

첫 사람 아담과 하와가 에덴동산에서 쫓겨난 뒤 이 땅에서 자녀를 낳았는데 맏아들은 가인이고 아벨은 그의 동생입니다. 이들이 장성하여 각자 하나님께 제사드렸는데 가인은 농사지은 땅의 소산으로 제물을 드렸고, 아벨은 자기가 기른 양의 첫 새끼와 그 기름을 드렸습니다. 이때 하나님께서는 아벨의 제물은 열납했으나 가인의 제물은 열납하지 않으셨습니다. 그 이유는 무엇일까요?

하나님께는 아무 제물이나 드리는 것이 아닙니다. 히브리서 9장 22절에 "율법을 좇아 거의 모든 물건이 피로써 정결케 되나니 피 흘림이 없은즉 사함이 없느니라" 한 대로 영계의 법칙에 의해 죄를 사할 수 있는 피의 제사를 드려야 합니다. 아담과 하와는 자녀들에게 분명히 올바른 제사법을 가르쳤을 것입니다. 아벨은 그 가르침에 순종하여 피의 제사를 드렸지만, 가인은 불순종하여 피의 제사를 드리지 않고 자기 생각대로 적당히 땅의 소산을 드렸습니다.

이에 대해 히브리서 11장 4절을 보면 "믿음으로 아벨은 가인보다 더 나은 제사를 하나님께 드림으로 의로운 자라 하시는 증거를 얻었으니 하나님이 그 예물에 대하여 증거하심이라 저가 죽었으나 그 믿음으로써 오히려 말하느니라" 말씀하십니다. 하나님께서 아벨의 예물을 받으신 까닭은 그가 믿음으로 순종하여 영적 제사를 드렸기 때문입니다. 그러나 가인은 중심으로 영적 제사를 드린 것이 아니기 때문에 하나님께서 받지 않으셨습니다.

우리도 아벨처럼 영적 제사를 드려야 하나님께서 열납하고 응답하십니다. 구약 시대에는 소나 양 같은 짐승을 제물로 삼았으며, 신약 시대에는 하나님의 어린 양이신 예수님께서 대신 화목제물이 되었습니다. 예수님이 십자가에 못 박혀 피 흘려 단번에 영원한 제사를 드리셨기 때문에 이제는 우리가 피의 제사를 드리는 것이 아니라 하나님 앞에 당당히 나아가 영적 예배를 드릴 수 있게 되었습니다(히 9:11~12).

오늘날 우리가 하나님 앞에 드릴 영적 제사란, 신령과 진정으로 예배드리는 것입니다. 만일 예배 시간에 졸거나 잡념 속에 드린다면 이는 육적 제사이므로 하나님께서 열납하시지 않습니다.

철저히 회개함으로 구원받아 낙원에 들어간 가인

가인은 하나님께서 동생의 예물만 받고 자신의 예물을 받지 않으신 것을 보고 몹시 분하여 안색이 변하였습니다. 시기심으로 결국 아벨을 쳐죽이고 말았습니다. 가인은 순간적인 감정을 이기지 못하여 살인을 한 것이 아닙니다. 감정을 품고 있다가 계획적으로 동생을 죽였기 때문에 그 죄가 결코 가볍다 할 수 없습니다. 그러니 더러는 가인이 구원조차 받지 못했을 것이라고 합니다.

하지만 가인은 부모를 통해 하나님을 알았습니다. 가인의 세대는 오늘날에 비해 조상으로부터 물려받은 원죄가 많지 않았습니다. 비록 살인을 저질렀지만 가인 역시 오늘날 죄악이 가득 찬 세대의 사람보다는 양심이 훨씬 깨끗한 상태였습니다. 그러므로 가인은 살인죄를 범했어도 징계를 통해 죄를 뉘우칠 수 있었고, 하나님께서는 그에게 긍휼을 베푸셨습니다.

창세기 4장 13~15절을 보면 가인은 범죄의 보응으로 땅에서 저주를 받아 유리하는 자, 곧 정처없이 떠도는 자가 되었습니다. 이에 그는 자신의 죄벌이 중한 것을 호소하며 자비를 구합니다. 그러자 하나님께서는 "가인을 죽이는 자는 벌을 칠 배나 받으리라" 하시며 죽음을 면하게 하는 표를 주셨습니다. 이 표로 인해 생명을 보존할 수는 있었지만 그는 생을 마감할 때까지 표를 보면서 두고두고 자신의 범죄를 후회해야 했습니다. 그러나 이런 징계로 인해 결국 죄를 회개하고 구원에 이르렀으니 축복이지요. 가인 역시 아담과 하와의 경우처럼 간신히 구원받아 천국의 가장 낮은 처소인 낙원에 들어갔습니다. 낙원에서도 중심부가 아닌 가장자리에 들어갔지요.

오늘날과는 비교할 수 없을 만큼 선한 세대에 살면서도 형제를 죽일 정도로 악한 마음을 품었으니 회개했다 해도 하나님의 공의의 기준으로 볼 때 낙원보다 더 좋은 천국에는 들어갈 수 없었습니다. 또한 가인은 회개한다고는 했지만 죄에 대한 징벌이 두려워서 한 것이지요. 이후에라도 악한 마음을 선하게 바꾸고 하나님을 기쁘게 하고자 온 힘과 정성을 다했다면 더 좋은 천국에 갈 수도 있었겠지만 가인은 그럴 만한 중심은 되지 못하였습니다.

신앙생활을 하다 보면 어떤 사람은 매우 악한데도 하나님께서 그냥 놔두시는가 하면 어떤 사람은 악으로 인해 병이 들거나 영혼이 떠나 버리기도 합니다. 또 어떤 사람은 하나님 앞에 굉장히 충성하는 것 같은데 그 영혼을 일찍 불러 가시는 경우도 있습니다.

예를 들면, 사울 왕은 하나님이 다윗에게 기름 부은 것을 알면서도 죽이려고 할 만큼 매우 악한 사람이었습니다. 하나님께서는 다윗을 괴롭히고 죽이려 하는 사울 왕을 그대로 두었습니다. 이는 악한 사울을 통해 다윗을 연단하고 큰 그릇으로 만들어 왕으로 세우기 위한 사랑의 섭리였습니다. 그러니 다윗의 연단이 끝나자 하나님께서는 사울의 영혼을 데려가신 것입니다. 이와 같이 여러 상황에 따라 곧바로 징벌하는가 하면 그냥 내버려 두는 경우도 있으니 범사에 하나님의 섭리와 뜻을 깨우쳐야 합니다.

영계를 밝히 알아야 천국을 침노할 수 있어

예수님께서는 "나는 부활이요 생명이니 나를 믿는 자는 죽어도 살겠고 무릇 살아서 나를 믿는 자는 영원히 죽지 아니하리니 이것을 네가 믿느냐"(요 11:25~26) 말씀하셨습니다. 복음을 듣고 구원받은 영혼들은 죽는다 하여도 반드시 부활하여 예수 그리스도와 같이 신령한 육을 입고 천국에 들어가 영원한 영광을 누립니다. 또한 주님이 공중 강림하실 때에 믿음을 갖고 이 땅에 살아 있던 사람들은 신령한 육으로 변화되어 산 채로 들림받는데 하나님의 형상을 닮은 만큼 더 좋은 천국에 들어갑니다.

이에 대하여 마태복음 11장 12절을 보면 "세례 요한의 때부터 지금까지 천국은 침노를 당하나니 침노하는 자는 빼앗느니라" 말씀하셨고, 마태복음 16장 27절에는 "인자가 아버지의 영광으로 그 천사들과 함께 오리니 그때에 각 사람의 행한 대로 갚으리라" 약속하셨지요. 그러므로 이러한 사실을 안다면 더 좋은 천국을 사모할 수밖에 없고, 어찌하든 성결하고 온 집에 충성하여 하나님 보좌가 있는 새 예루살렘에 들어가려고 힘쓸 것입니다.

하나님께서는 "죽도록 충성하라 그리하면 내가 생명의 면류관을 네게 주리라"(계 2:10) 말씀하셨습니다. 우리가 행한 대로 반드시 하늘나라에서 귀한 상으로 주시는 것입니다. 이 상은 영원한 것이며 세세토록 영광이 되므로 어떠한 것과도 비교할 수 없을 만큼 값지지요. 데살로니가전서 5장 23절을 보면 "평강의 하나님이 친히 너희로 온전히 거룩하게 하시고 또 너희 온 영과 혼과 몸이 우리 주 예수 그리스도 강림하실 때에 흠 없게 보전되기를 원하노라" 말씀하셨습니다.

우리는 주님이 오시기 전에, 우리 영혼을 하나님께서 부르시기 전에 부지런히 신부 단장하며 온 영을 이루어야 합니다. 교회만 왔다갔다하며 "믿습니다." 고백한다고 될 일이 아니라 악은 모양이라도 버리고 온 집에 충성해야 영광된 자리에 들어갈 수 있습니다. 이러한 사실을 깨달아 하나님께서 원하시는 참 자녀로 변화되어 이 땅에서도 주님과 동행하며 천국에서도 영원토록 하나님 보좌 가까이에서 살기를 바랍니다.

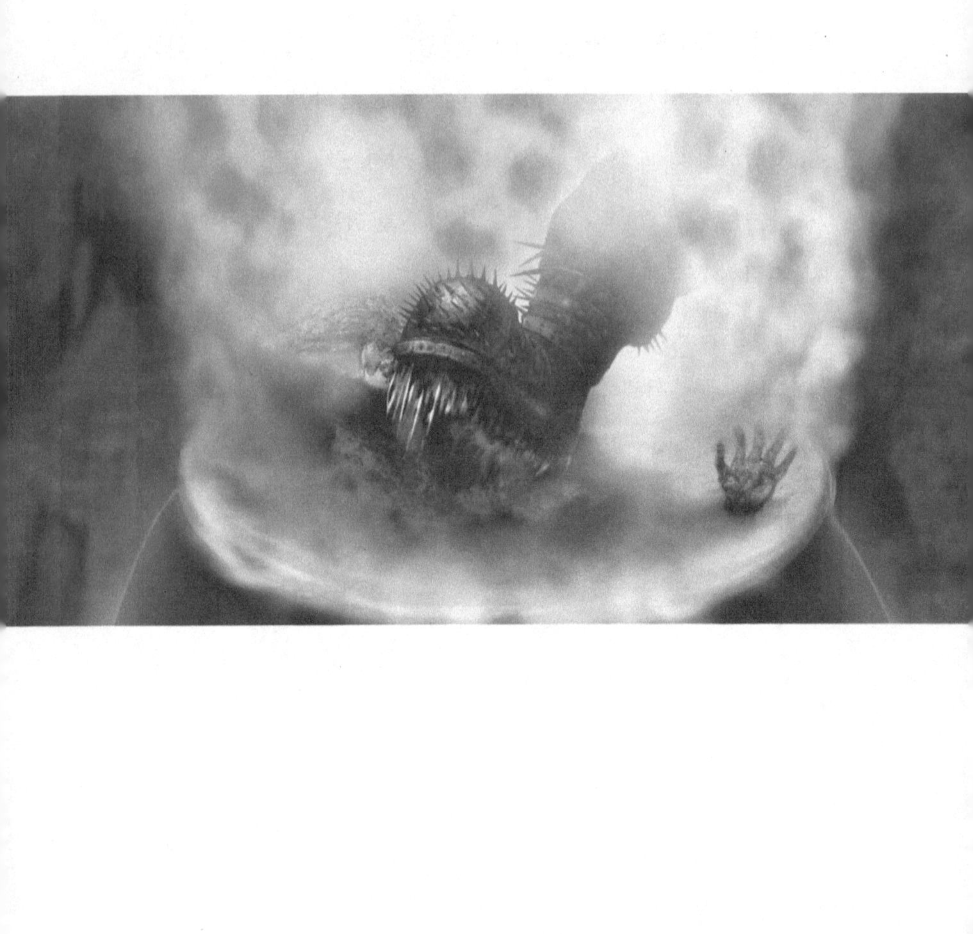

3장

지옥에 속한 아랫음부와 지옥사자의 정체는 무엇인가?

하나님이 범죄한 천사들을
용서치 아니하시고 지옥에 던져
어두운 구덩이에 두어 심판 때까지 지키게 하셨으며
베드로후서 2:4

악인이 음부로 돌아감이여
하나님을 잊어버린 모든 열방이 그리하리로다
시편 9:17

해마다 추수철이 되면 농부는 알곡을 거둘 기대로 가득 찹니다. 하지만 똑같이 비료를 주고 잡초를 뽑으며 밤낮으로 수고해도 개중에는 쓸모없는 쭉정이가 섞여 나오게 마련입니다. 쭉정이는 사람이 먹을 수도 없고, 알곡과 함께 곳간에 넣었다가는 알곡까지 못 쓰게 되니 불사르거나 거름으로 씁니다.

하나님께서 이 땅에 인간을 경작하실 때에도 마찬가지입니다. 거룩하고 온전하신 하나님의 형상을 닮은 참 자녀를 얻기 원하시지만 죄를 온전히 버리지 못하는 사람이 있는가 하면 아예 악으로 물들어 쭉정이와 같은 사람도 있습니다. 물론 아직 죄를 다 버리지 못했다 해도 믿음으로 신앙생활을 하고자 힘썼다면 천국에 들이십니다. 믿음이 겨자씨만큼이라도 있다면 무서운 지옥의 형벌을 면하게 해 주시지요.

그러나 끝까지 예수 그리스도를 믿지 않고 하나님을 대적하는 사람은 악으로 인해 스스로 멸망을 선택하였으니 지옥에 갈 수밖에 없습니다. 그러면 구원받지 못한 영혼은 아랫음부에 떨어져 어떻게 형벌을 받는 것일까요? 지옥에 속한 아랫음부와 지옥사자의 정체는 과연 무엇일까요?

1. 지옥사자에 의해 끌려가는 아랫음부

믿음으로 구원받은 사람이 죽으면 두 천사가 마중 나와 천국에 속한 윗음부로 인도합니다. 누가복음 24장 4절을 보면 예수님께서 부활하여 나오실 때에도 흰옷 입은 두 천사가 대기하고 있었지요. 반면 구원받지 못한 사람이 죽으면 두 지옥사자가 와서 아랫음부로 끌고 갑니다. 그래서 죽은 사람의 얼굴 표정을 보면 구원을 받았는지 여부를 어느 정도 알 수 있습니다.

임종 전에 찾아와 아랫음부로 끌고 가는 지옥사자

임종할 때에 구원받은 사람들은 영안이 열려 천사들을 보므로 미소 띤 얼굴로 평안히 눈을 감으며 시체도 비교적 오래도록 경직되지 않습니다. 죽은 지 하루, 이틀이 지났는데도 마치 살아 있는 듯 그대로 보존되지요. 하지만 구원받지 못한 사람은 자신을 끌고 갈 무서운 지옥사자를 보니 제대로 눈을 감지 못합니다. 몹시 두려워하며 얼굴빛이 어둡고 몸도 뻣뻣하게 굳습니다.

또한 믿음이 너무 연약하여 구원이 확실치 않은 경우에는 천사들과 지옥사자가 와서 서로 영혼을 데려가려고 힘을 겨루므로 죽음을 맞기 전까지 몹시 불안해합니다. 지옥사자가 "이 사람에게는 구원받을 만한 믿음이 없다."며 계속 송사하니 얼마나 두렵고 불안하겠습니까.

그러므로 믿음이 연약한 사람의 임종이 가까우면 믿음이 큰 사람이 와서 예배와 찬송으로 계속 믿음을 심어 주어 부끄러운 구원이라도 받을 수 있도록 도와주어야 합니다. 이렇게 찬양하고 기도해 주면 얼굴이 평안해지는데, 이는 구원받을 만한 믿음이 생겼기 때문입니다. 그러나 믿음이 좋은 사람의 임종 시에는 굳이 믿음을 심어 줄 필요는 없으며 소망과 기쁨을 주는 것이 좋습니다.

2. 악한 영의 세계에 적응하는 대기 장소

구원받지 못하면 지옥사자들에 의해 아랫음부로 끌려가 악한 영의 세계에 적응하기 위한 대기 장소로 들어갑니다. 윗음부에서 구원받은 영혼이 3일간의 적응 기간을 거치는 것처럼 아랫음부에도 큰 구덩이와 같은 대기 장소가 있어서 3일간 머뭅니다. 구원받을 영혼이 3일간 머무는 윗음부에서는 기쁨과 평안이 넘치지만 구원받지 못한 영혼이 끌려간 아랫음부의 대기 장소는 정반대입니다.

먼저 대기 장소에서 3일간 머물면서 악한 영의 세계에 적응하기 위한 준비를 하지요. 고통은 그때부터 시작됩니다. 크고 날카로운 부리를 가진 갖가지 새가 와서 영혼을 쪼아대는데 이 땅의 새들과는 달리 징그럽고 흉측하게 변형된 영물입니다.

이미 육에서 분리되어 나온 영혼이니 새들이 쪼아댄다고 해서 무슨 고통을 느낄까 생각할 수 있지만 그곳의 새들 역시 영물이기 때문에 영혼에게 해를 입힐 수 있습니다. 날카로운 부리에 쪼일 때마다 몸이 찢겨 피가 나고 살가죽이 벗겨져 나가지만 피하고자 해도 그럴 곳이 없으니 다만 구덩이 안에서 비명을 지르며 버둥대거나 몸을 움츠릴

따름입니다.

3. 죄악에 따라 구별된 아랫음부의 형벌

큰 구덩이와 같은 대기 장소에서 3일이 지나면 자신의 죄악에 따라 구별된 형벌의 장소인 아랫음부로 옮겨집니다. 천국도 광활하지만 지옥이라는 공간 역시 매우 넓고 깊습니다. 지옥의 일부인 아랫음부만 해도 수많은 장소로 구분되어 구원받지 못한 영혼을 수용합니다.

구원받지 못한 영혼은 어둡고 습하며 지글지글 타오르는 열기가 가득한 아랫음부에서 끊임없이 맞고 찔리고 찢기는 형벌을 받습니다. 아랫음부에 옮겨진 영혼은 이미 눈이 있어도 있는 것이 아니고, 입이 있어도 있다 할 수 없습니다. 손이 있고 발이 있어도 있는 것 같지 않은 그 영혼의 고통을 어찌 다 표현할 수 있겠습니까? 비명조차 지르기 힘든 상태이지요.

이 땅에서는 팔다리가 한 번 잘리면 그것으로 끝납니다. 아무리 아프고 괴롭다 해도 죽으면 그만입니다. 하지만 이곳에서는 목을 자른다 해도 다시 붙으며 신체의 일부를 베어 낸다 해도 잠깐이면 원래대로 회복됩니다. 새가 눈을 쪼아 먹어도 다시 회복되고, 배를 갈라 내장을 쏟아 내도 잠시 후에는 상처가 아물며, 피를 흘려도 끝이 없습니다. 온갖 형벌로 피를 다 쏟아도 원상태가 되기 때문입니다.

그래서 아랫음부는 영혼들이 흘린 피로 강을 이룹니다. 영혼은 불멸하므로 영원히 형벌이 되풀이되고 그 고통에는 쉼이 없습니다. 죽고자 해도 죽을 수 없고, 형벌 속에 울부짖는 비명과 신음 소리, 피비린내와 썩는 냄새가 진동할 뿐입니다.

아랫음부의 참상

연로한 분 중에는 직접 전쟁을 체험한 사람도 있을 것입니다. 또는 영화나 사극에서 종종 표현되는 전쟁터의 아비규환을 생각해 보십시오. 부상당한 사람이 여기저기 신음하는데 팔다리가 떨어져 나가고 눈알이 터지며 머리가 깨져 뇌수까지 쏟아져 나오기도 합니다. 요란한 폭음, 자욱한 포연과 먼지, 피비린내, 신음과 비명 등 극도의 혼란스러운 상황을 대할 때 이를 생지옥이라고 표현합니다.

이러한 장면과 비교할 수 없는 것이 바로 지옥의 참상입니다. 더욱이 아랫음부의 영혼은 현재의 고통뿐 아니라 미래에 대한 두려움으로 정신적인 고통까지 당합니다. 도저히 감당할 수 없는 형벌을 받으면서 어찌하면 이 고통에서 벗어날 수 있을까 고민하지만 그들에게 보이는 미래라고는 더 깊은 곳에서 타오르는 불과 유황의 지옥입니다.

그러니 지옥 불을 바라보면서 얼마나 후회하고 탄식하겠습니까. "이곳도 이렇게 괴로운데 저 불 속에서 어떻게 견뎌야 하나…. 죄를 짓지 말고 잘 믿을 걸…." 하면서 끝없이 탄식해 보아도 이미 엎질러진 물을 담을 수 없듯이 구원의 길은 전혀 보이지 않습니다.

4. 아랫음부를 총괄하는 루시퍼

구원받지 못한 영혼이 아랫음부에서 받는 형벌의 종류는 헤아릴 수 없을 정도로 많습니다. 이 땅에서 고문하는 방법이 수없이 많은 것처럼 아랫음부의 형벌도 다양합니다. 몸이 썩어 들어가는가 하면, 수많은 벌레에 몸을 뜯기고 피를 빨리며, 새나 짐승들에게 찢기는 경우도 있지요. 벌겋게 달궈진 바위에 눌리거나 불붙는 듯 뜨거운 모래 위에 세워진 영혼도 있습니다. 혹은 지옥사자들에게 고문받거나 불과 물속에서 고통받기도 합니다.

이처럼 구원받지 못한 영혼이 있는 곳은 하나님께서 치리하시지 않고 악한 영들에게 권세를 내준 영역입니다. 따라서 아랫음부는 정해진 때까지 악한 영들의 우두머리인 루시퍼가 총괄하며 전폭적으로 그의 손 안에 있습니다.

악한 영의 우두머리인 루시퍼의 정체

그러면 루시퍼는 누구일까요? 원래 루시퍼는 '아침의 아들'이라는 칭호까지 받을 만큼 하나님의 사랑을 받던 천사장이었지만(사 14:12) 하나님을 대적하고 악한 영의 우두머리가 되었습니다.

하나님께서는 특별히 몇몇 천사에게 인성을 주고 서로 사랑을 나누셨으며, 그중 루시퍼를 음악 담당 천사장으로 세웠습니다. 루시퍼는 아름다운 목소리와 악기로 하나님을 찬양하여 기쁘시게 했지요.

하지만 특별한 사랑을 받다 보니 점차 교만해져 하나님보다 더 높아지고자 하는 욕심으로 반란을 일으켰습니다.

"네가 옛적에 하나님의 동산 에덴에 있어서

각종 보석 곧 홍보석과 황보석과 금강석과 황옥과

홍마노와 창옥과 청보석과 남보석과 홍옥과

황금으로 단장하였었음이여 네가 지음을 받던 날에

너를 위하여 소고와 비파가 예비되었었도다

너는 기름 부음을 받은 덮는 그룹임이여

내가 너를 세우매 네가 하나님의 성산에 있어서

화광석 사이에 왕래하였었도다

네가 지음을 받던 날로부터 네 모든 길에 완전하더니

마침내 불의가 드러났도다"(겔 28:13~15)

하나님을 대적하고 반란을 일으킨 루시퍼

성경을 보면 이때 엄청난 무리가 루시퍼를 따른 것을 알 수 있습니다(벧후 2:4 ; 유 1:6). 하늘에는 헤아릴 수 없이 많은 천사가 있는데 그중에 삼분의 일이 루시퍼를 따랐으니 얼마나 엄청난 숫자이겠습니까. 그렇다면 인성이 있었던 루시퍼는 교만했으니까 반란을 일으켰다지만 다른 많은 천사가 어떻게 반란에 가담할 수 있었을까요? 이는 천사가 오직 명령에 의해서 움직이는 로봇과 같은 존재임을 생각하면 쉽게 이해할 수 있습니다.

루시퍼는 먼저 자신의 영향력 안에 있는 천사들을 모두 자기편으로 만들었습니다. 또한 다른 천사장들 휘하의 중간급 천사들도 끌어들였지요. 그 중간급 천사들 아래에 있는 천사들도 자연히 루시퍼에게 속하게 됐습니다. 군대를 비유 들면, 어떤 부대의 머리가 쿠데타를 일으켰다고 합시다. 그러면 그 휘하의 모든 군사들이 자연히 그 쿠데타에 가담하게 되는 것과 같습니다.

루시퍼의 반란에는 많은 천사 외에 그룹들도 가담했습니다. 하나님께서 부리시는 영적인 존재에는 '천사'와 '그룹'이 있는데 천사는 사람의 형체에 날개가 있는 반면 '그룹'은 동물의 형체이며 종류가 매우 다양합니다.

그 당시 그룹 중에서 가장 서열이 높은 머리급은 용들과 네 생물이었습니다. 용들은 하나님 보좌를 두르고 있었기에 위엄과 권세와 능력이 대단히 컸으며 그 휘하에 부릴 수 있는 사자들이 무수히 많았습니다. 그런데 용들이 루시퍼의 간교한 꼬임에 넘어가 하나님을 대적하는 일에 가담하자 용들의 지시에 따라 그의 사자들도 하나님을 대적하고 말았습니다(창세기 강해 참조).

이처럼 하나님을 대적하여 반란을 일으킨 루시퍼는 어떻게 되었을까요? 결국 패하여 자신을 따르던 무리와 함께 하나님 보좌가 있는 천상에서 쫓겨나야 했습니다. 앞으로 인간 경작을 위해 쓰일 때까지 깊은 흑암 속, 곧 무저갱에 갇히게 됩니다.

"너 아침의 아들 계명성이여

어찌 그리 하늘에서 떨어졌으며

너 열국을 엎은 자여 어찌 그리 땅에 찍혔는고

네가 네 마음에 이르기를 내가 하늘에 올라

하나님의 뭇 별 위에 나의 보좌를 높이리라

내가 북극 집회의 산 위에 좌정하리라

가장 높은 구름에 올라

지극히 높은 자와 비기리라 하도다

그러나 이제 네가 음부 곧 구덩이의 맨 밑에 빠치우리로다"

(사 14:12~15)

천상에서 하나님의 사랑을 받을 때에는 형용할 수 없을 만큼 눈부시고 아름다웠던 루시퍼는 타락한 뒤 매우 흉측한 모습으로 변하였습니다. 영안이 열려 그 모습을 본 사람들은 보기만 해도 질릴 정도로 음산하며 머리카락이 산발하여 하늘로 솟아 있을 뿐 아니라 붉은색, 흰색, 노란색 등으로 물들인 듯 매우 흉하다고 말합니다.

루시퍼는 사람들이 이러한 자신의 모습을 닮아 가도록 역사합니다. 그래서 오늘날에는 사람들의 옷차림이나 머리 스타일이 이상하고 춤을 추어도 몹시 요란하며 아름답지 않은 경우가 많지요. 이러한 것이 루시퍼가 대중매체나 문화를 통해 만들어 가는 세상 풍조입니다. 이를 통해 사람들의 정서를 해치고 혼란 속에 빠지게 하며 사람들을 미혹하여 점점 하나님을 멀리하고 부인하게 만듭니다.

아랫음부를 공포의 도가니로 만들어 가는 악한 영

루시퍼와 함께하는 악한 영들은 온갖 악한 지혜를 동원하여 아랫음부에 떨어진 영혼들을 고문합니다. 이 땅에서도 고문 방법을 보면 얼마나 다양하고 끔찍합니까. 일제 시대에는 독립투사들을 고문할 때에 대바늘로 손톱 밑을 찌르거나 손톱과 발톱을 하나씩 뽑아 버리기도 했습니다. 거꾸로 매달아 놓고 고춧가루 탄 물을 눈과 코에 붓거나 불에 달군 인두로 몸을 지져 살이 타는 냄새가 진동했지요. 심하게 매를 때려 창자가 몸 밖으로 터져 나오기도 했습니다.

우리나라 옛 왕조 때에는 어떠했습니까? 주리를 튼다 하여 죄인의 두 다리를 묶고 그 틈에 두 개의 주릿대를 끼우고 비틀어 뼈를 다 망가뜨리기도 했으니 그 고통은 말로 표현할 수 없었을 것입니다. 사람이 생각해 낸 고문도 이처럼 잔혹한데 하물며 악한 영이 고문한다면 얼마나 잔인하고 참혹하겠습니까.

물론 악한 영들이 아랫음부를 관장하는 권세를 받았다 해도 일정 수위 안에서 고문할 수 있습니다. 지옥도 영계의 법칙에 따라 운행되는 곳이므로 영혼들의 죄과에 상응하는 형벌만 집행할 수 있지요. 악한 영들은 가능한 범위 안에서 온갖 방법을 고안하여 고문하는데 그 잔학성이 극에 달합니다.

5. 아랫음부에서 고문하는 지옥사자의 정체

그렇다면 아랫음부에서 구원받지 못한 영혼을 고문하는 지옥사자의 정체는 과연 무엇일까요? 창세 이전에 루시퍼를 따라 하나님을 대적하여 무저갱에 갇혀 있다가 인간 경작의 섭리를 위해 풀려난 그룹 중 일부입니다.

악한 영의 세계의 머리는 루시퍼이며 그 휘하에는 타락한 천사와 그룹이 있습니다. 타락한 천사들은 그 역할에 따라 마귀와 지옥사자로 나뉩니다. 반면에 타락한 그룹들은 대부분 용의 사자로 활동하지만 일부는 아랫음부에서 지옥사자로 활동합니다. 따라서 지옥사자 중에는 타락한 천사도 있고 타락한 그룹도 있습니다.

타락한 천사에 속하는 지옥사자는 사람의 형상인데 전체적으로 어둡고 칙칙하며 흉측한 모습입니다. 그들 중에서 일부는 구원받지 못한 영혼들을 아랫음부로 끌고 가는 저승사자의 역할을 합니다. 나머지는 아랫음부에서 주로 행정적인 업무를 감당하지요.

타락한 그룹에 속하는 지옥사자들은 아랫음부에서 구원받지 못한 영혼들에게 직접 형벌을 가하는 역할을 합니다. 이들의 형상은 돼지를 비롯하여 성경에 기록된 가증한 짐승들과 비슷하지만(레 11장), 저주받아 변형된 형상이며 온갖 괴상한 색조와 무늬로 몸을 장식하기도 했습니다.

아랫음부에서 고문하는 지옥사자 중에는 무시무시한 철갑옷을

소름끼치도록 음산하고 시커먼 형체를 가진 지옥사자. 사람의 얼굴과 비슷하기도 하고 갖가지 가증한 짐승의 형상이기도 하다. 돼지를 비롯하여 성경에 기록된 가증한 짐승과 비슷하지만 저주받아 변형된 형상이며 괴상한 색조와 무늬로 몸을 장식하기도 했다.

입고 군화를 신은 경우도 있습니다. 그 몸에는 닿기만 해도 살이 찢겨질 것 같은 고문기구들이 달려 있고 손에는 칼이나 창, 채찍 등을 들고 있기도 합니다. 그들은 어둠의 권세를 가진 존재이므로 그 모습이 위압적이며 움직일 때에도 강한 악의 기운이 느껴집니다. 많은 사람이 귀신을 두려워하지만 영안이 열려 지옥사자를 보면 귀신보다 훨씬 두려운 형상입니다.

지옥사자가 고문하는 형벌은 아랫음부에서도 비교적 무거운 단계의 형벌에 속합니다. 예를 들면, 온몸을 저미기도 하고 몸에 바람을 넣어 공처럼 부풀려 굴리다가 터뜨리기도 하며 채찍으로 때리기도 합니다. 그 외에도 갖가지 고문을 하는데 어린아이라 해도 예외는 아닙니다. 지옥사자들이 어린아이들을 찌르고 때리는 것은 고문이 아니라, 그저 재미 삼아 하는 일에 불과합니다. 그러므로 지옥이 얼마나 참혹하고 잔인하며 끔찍한 곳인지 깨달아 결코 지옥에 가는 일이 없어야 하겠습니다.

4장

구원받지 못한 어린아이는 어떤 형벌을 받는가?

사망이 홀연히 저희에게 임하여
산채로 음부에 내려갈지어다 이는 악독이
저희 거처에 있고 저희 가운데 있음이로다
시편 55:15

젊은 아이들이 성에서 나와서 저를 조롱하여 가로되
대머리여 올라가라 대머리여 올라가라 하는지라
엘리사가 돌이켜 저희를 보고 여호와의 이름으로 저주하매
곧 수풀에서 암곰 둘이 나와서
아이들 중에 사십이 명을 찢었더라
열왕기하 2:23~24

지옥사자들은 구원받지 못한 영혼들을 죄악의 경중에 따라 고문하는데 아랫음부의 형벌은 크게 4단계로 나눌 수 있습니다. 그중에 양심 심판에 의해 지옥으로 간 영혼들이 가장 가벼운 형벌을 받으며, 예수님을 판 가룟 유다와 같이 양심에 화인 맞고 하나님을 대적한 경우 가장 무거운 형벌을 받습니다.

그러면 먼저 구원받지 못한 어린아이들이 받는 형벌은 어떠한지 연령별로 나누어 설명하겠습니다.

1. 태아와 갓난아이의 형벌

어린아이라 해도 구원받지 못할 부모에게서 태어난 데에다 본성까지 악하여 양심 심판을 통과하지 못하면 아랫음부로 갑니다. 어른에 비해 범죄한 것이 적으니 그만큼 형벌이 가벼운 편이지만 그래도 배고픔과 고통을 겪어야 합니다.

그중에서도 말도 못하고 걸음마조차 못하는 갓난아이는 따로 분류되어 커다란 장소에 갇힙니다. 이들의 영혼은 죽을 때와 같이 아기의 형상과 의식을 갖고 있으므로 어떤 생각을 한다거나 스스로 움직이며 돌아다닐 수 없습니다. 너무 어려서 혼적인 지식이 전혀 입력되지 않은 상태이므로 자신이 지옥에 와 있는지도 모르고 엄마 아빠도 알지 못하며 그저 본성 속의 배고픔 때문에 울어대기만 합니다.

지옥사자는 우는 아이에게 다가가 송곳 같은 뾰족한 것으로 배와 팔, 다리, 혹은 눈, 손톱, 발톱 등을 찌릅니다. 그러면 아이가 자지러지면서 우는데 지옥사자들은 이런 모습을 보면서 재미있다고 웃어댑니다. 아무리 울어도 달래 주는 이 없고 지치고 지쳐도 고통이 계속되니 젖먹이 아이들의 울음은 그치지 않습니다. 게다가 지옥사자가 아기 하나를 집어 몸에 바람을 불어넣어 공처럼 굴리면서 가지고 놀기까지 하니 얼마나 끔찍한지요.

따스함과 안락함을 빼앗긴 채 버려진 태아의 영혼

그렇다면 태어나기도 전에 죽은 태아의 영혼들은 어떠할까요? 대부분 구원받지만 극히 드물게는 구원받지 못하는 경우가 있다고 말씀드렸습니다. 부모가 심하게 하나님을 대적하고 악을 행하여 애초부터 구원과는 상관없을 정도로 악한 본성을 갖고 잉태된 경우입니다. 이러한 태아의 영혼이 모인 곳도 갓난아이가 있는 장소와 비슷합니다.

아무런 의식이 없고 자범죄도 없는 상태이므로 성인들처럼 큰 고문을 당하는 것은 아닙니다. 그저 어머니 뱃속에 있을 때의 따스함과 안락함을 빼앗긴 채 버려진 것이 그들의 형벌이며 저주입니다.

그러면 아랫음부에 있는 영혼은 과연 어떠한 모습일까요? 만약 갓난아이 때에 죽었다면 갓난아이의 형상을, 모태에서 죽었다면 태아의 형상을 지닙니다.

물론 구원받아 천국의 대기 장소에 올라간 영혼도 아직은 죽었을 때와 같은 형상이지만 인간 경작이 끝나고 주님께서 공중 강림하실 때에는 부활체의 새로운 육을 갖습니다. 누구든지 부활하신 주님처럼 33세의 아름다운 형상으로 바뀌고 신령한 육을 입습니다. 이 땅에서는 키가 작았던 사람도 적절하게 커질 뿐 아니라 팔이나 다리가 없었던 사람도 온전해집니다.

그러나 지옥에 간 영혼들은 주님의 공중 강림 후에도 부활체로 바뀌지 않습니다. 예수 그리스도로 인한 생명이 없기 때문에 생명의 부활로 나올 수 없고 죽었을 때의 형상을 그대로 지니지요. 이들의 얼굴과 몸은 지옥의 공포에 질려 핏기가 없는 검푸른 색이며 산발을 하고 있습니다. 이들 가운데에는 누더기 옷을 걸친 영혼도 있고, 천 조각 몇 개를 두른 영혼도 있으며 아예 발가벗겨진 영혼도 있습니다. 구원받은 영혼이 각자의 영광과 상급에 따라 옷에서 나는 광채와 장식이 다른 것처럼 지옥에서도 저마다 쌓은 죄악에 따라 차림새가 다릅니다.

2. 걸음마를 하며 말하는 아이의 형벌

갓난아이 때를 지나 걸음마를 하고 말도 몇 마디씩 하는 아이의 영혼은 아랫음부에서 어떠한 형벌을 받을까요?

이들도 따로 분류되어 한곳에 수용되는데 이 연령대의 영혼들이 빽빽하게 들어차 있습니다. 아직 논리적으로 생각하고 판단하는 등 혼적인 작용을 할 수 있는 나이가 아니므로 그저 본능 속에서 고통당합니다. 자신이 죽었는지, 왜 이런 곳에 왔는지 모릅니다. 하지만 엄마 아빠에 대한 기억은 있어서 "엄마, 아빠, 어디에 있어? 집에 가고 싶어! 내가 왜 여기에 있는 거야?" 하면서 울어댑니다. 세상에서는 넘어져 조금 다치기만 해도 엄마가 와서 금세 안아 주곤 했는데 여기서는 피투성이가 되어 아무리 울며 소리를 질러도 엄마가 나타나질 않습니다.

실제로 시장이나 백화점에 갔다가 아이가 엄마를 잃어버리면 얼마나 겁에 질려 웁니까? 무서운 지옥에서 자신을 보호해 줄 부모가 보이지 않는다는 사실만으로도 아이에게는 견딜 수 없는 공포가 되지요. 더구나 수많은 아이의 울음과 비명이 뒤엉키고, 지옥사자의 위협과 기괴한 웃음소리 등으로 인해 놀라 어찌할 바를 모른 채 울부짖습니다.

이런 와중에 지옥사자가 와서 심심풀이로 때리고 짓밟고 채찍을 휘두르니 아이는 아파서 움츠리며 잘 걷지도 못하는 다리로 달아나고자 애씁니다. 그러나 빽빽하게 들어찬 장소에서 제대로 달아날 수도 없으며 눈물, 콧물이 범벅이 된 채 서로 엉켜 밟히고 멍들고 찢깁니다. 이런 비참함 속에서 끝없이 엄마에 대한 그리움과 배고픔과 공포로 울부짖는 것이 바로 아랫음부에 떨어진 어린아이의 모습이지요.

3. 뛸 수 있고 말도 잘하는 아이의 형벌

세 살이 지나면 어느 정도 뛸 수 있고 말도 잘합니다. 그러면 세 살부터 다섯 살 정도까지의 어린아이는 아랫음부에서 어떤 형벌을 받을까요?

이들은 아랫음부의 컴컴하고 넓은 장소에 따로 수용되어 형벌을 받는데, 삼지창을 들고 쫓아오는 지옥사자를 피하기 위해 어디론가 정신없이 도망칩니다. 지옥사자는 마치 사냥감을 몰아가는 사냥꾼처럼 창으로 등을 찌르며 아이를 몰아갑니다. 결국 도망치던 아이는 막다른 절벽 위에 다다르는데, 절벽 밑을 내려다보면 용암처럼 부글부글 물이 끓고 있습니다.

처음에는 선뜻 뛰어내리지 못하지만 뒤에서 창을 들고 쫓아오는 지옥사자를 피하기 위하여 어쩔 수 없이 그 속으로 뛰어내립니다. 창에 찔리는 고통은 잠시 피했지만 펄펄 끓는 물속에 들어갔으니 그 고통이 얼마나 심하겠습니까. 코와 입으로 뜨거운 물을 마구 들이키며 허우적거리는 아이를 보면서 지옥사자는 "재미있다. 통쾌하다." 하며 즐거워합니다. 그러고는 "저 아이를 누가 지옥으로 보냈느냐? 그 어미와 아비도 우리가 끝까지 붙잡고 있다가 죽으면 이곳에 데리고 와서 구경시키자"라고 말합니다.

이렇게 끓는 물속에서 고통받던 아이는 그물에 걸린 고기처럼 큰 망으로 건져져 맨 처음 도망친 장소에 던져집니다. 그리고 또다시 두려운 지옥사자의 창에 찔리며 도망치다가 끓는 물에 뛰어내리는 형벌이 반복됩니다. 3~5세 된 아이가 뛰면 얼마나 뛰겠습니까? 그저 창에 찔리지 않기 위해 뛰어 보지만 결국 절벽에 다다르고 끓는 물에 뛰어내려 허우적거리다가 다시 망에 걸려 원위치에 던져지는 일이 되풀이되니 얼마나 비참하고 불쌍한지요.

우리가 이 땅에서 아무리 심한 화상을 입고 고통받는다 해도 지옥의 끓는 물 가운데서 받는 고통을 온전히 실감할 수는 없습니다. 사람이 상상할 수 있는 고통의 한계를 초월하기 때문입니다. 지옥사자를 피하여 정신없이 도망치다가 절벽 아래로 떨어지면 부글부글 끓는 물에 머리끝부터 발끝까지 잠기는데 이 물은 용암처럼 끈적이면서 온몸에 들러붙을 뿐 아니라 심한 악취가 납니다.

이런 형벌은 끊임없이 반복되지만 거듭 고통을 당한다 해서 감각이 무디어지는 것도 아닙니다. 세상에서처럼 미쳐 버리거나 기절하여 잠시 잊어버릴 수도 없으며, 자살하여 피할 수 있는 것도 아니니 얼마나 고통스럽겠습니까.

4. 6세부터 사춘기 이전 아이의 형벌

6세부터 사춘기 이전까지의 아이 중에서 구원받지 못한 영혼은 아랫음부에서 어떠한 형벌을 받을까요?

창세 이래 지금까지 구원받지 못한 무수한 영혼은 지옥에 속한 아랫음부에서 끔찍한 고문을 받으며 엄청난 피를 흘립니다. 팔다리가 잘려도 어느새 원래 모습대로 회복되고, 또다시 잘리고 회복되는 과정이 끊임없이 반복되니 얼마나 많은 피를 흘리겠습니까?

아무리 피를 흘려도 형벌이 끝나지 않으니 그 피가 모여 강을 이룹니다. 세상에서도 전쟁이나 대규모 학살이 있을 때에는 사람들이 흘린 피가 고여 웅덩이를 만들지요. 지독한 피비린내와 함께 피가 썩어 고약한 냄새가 진동을 합니다. 더운 여름날이면 악취가 더욱 심하며 온갖 더러운 벌레가 득실거리고 그 일대에는 전염병이 돌기도 하지요.

아랫음부에는 작은 웅덩이나 시내가 아니라 사람이 헤엄쳐야 건널 수 있을 정도로 큰 피의 강이 있습니다. 악취 나는 피의 강 주변에는 여섯 살부터 열두 살 정도까지의 아이들이 땅속에 일자로 세워져 파묻혀 있는데 죄악이 클수록 피의 강과 가까운 땅에 더욱 깊이 묻혀 있습니다.

강에서 가장 멀리 떨어진 곳에 있는 아이들은 땅에 묻히는 형벌은 받지 않지만 허기지고 창백한 얼굴로 먹을 것을 찾아 맨손으로 단단한 땅을 계속 파헤칩니다. 손톱이 빠지고 손끝이 뭉텅하게 닳도록 땅을 긁어대지만 먹을 것이 나올 리 없습니다. 피투성이가 된 채 반쯤 남은 손가락 끝에는 살이 너덜너덜하게 찢겨 있는데 그 사이로 허연 뼈가 드러나 보이기도 합니다. 나중에는 손가락이 닳아 없어지고 손바닥까지 닳지만 그래도 멈추지 못하고 땅을 파헤칠 만큼 이들이 받

는 배고픔의 고통은 절박한 것입니다.

피의 강에 가까워질수록 더욱 악한 아이들이 고통받는데 몸이 절반쯤 땅에 묻힌 채 배고픔을 이기지 못하여 서로 살점을 뜯어 먹고자 악을 쓰며 싸웁니다. 가장 악한 아이들은 피의 강 바로 옆에서 목까지 땅속에 파묻혀 형벌을 받습니다. 사람을 목까지

창세 이래 구원받지 못한 영혼들이 아랫음부에서 끔찍한 고문을 받으며 흘린 피로 이루어진 큰 강

땅속에 파묻는다면 답답한 것은 물론, 몸에 피가 돌지 못하므로 결국 죽습니다. 그러나 영혼에는 죽음이 없으므로 큰 고통을 받을 뿐 죽지는 않지요.

이들은 피의 강에서 나는 끔찍한 악취 때문에 숨 막히는 고통을 받을 뿐만 아니라 강에서 올라온 파리나 모기와 흡사한 온갖 독한 벌레로부터 얼굴을 물어뜯깁니다. 그러나 땅에 묻혀 있으니 벌레를 쫓을 수도 없지요. 이처럼 달려드는 벌레에게 꼼짝 못하고 물어뜯겨 독이 오르면 형체를 알아볼 수도 없을 정도로 부어올라 울퉁불퉁합니다.

피의 강가는 지옥사자가 웃고 떠들면서 쉬는 곳입니다. 그 웃음소리가 얼마나 크게 울리는지 아이들의 고막이 터지기도 합니다. 또한 지옥사자는 쉬면서 땅속에 파묻힌 아이들의 머리를 밟고 서거나 깔고 앉기도 합니다. 그들의 옷과 신발에는 날카로운 흉기가 가득 박혀 있어 깔고 앉거나 밟는 것만으로도 머릿가죽이 벗겨지고 얼굴이 찢기며 머리카락이 뭉텅뭉텅 뽑혀 나갑니다.

언뜻 생각하기에는 '초등학교에 다닐 정도의 아이들이 얼마나 악을 행했다고 이처럼 잔인한 형벌을 받아야 하는가?' 할 수 있습니다. 그러나 아무리 아이들이라 할지라도 원죄와 자범죄가 있으며 '죄의 삯은 사망'(롬 6:23)이라는 영계의 법칙은 나이에 상관없이 모든 사람에게 적용됩니다.

5. 엘리사를 조롱한 아이들의 형벌

열왕기하 2장 23~24절을 보면 하나님의 사람 엘리사가 여리고에서 벧엘로 갈 때에 아이들이 나와 그를 조롱하며 심히 괴롭혔습니다. 엘리사가 견디다 못해 아이들을 저주하니 두 마리의 암곰이 나타나 42명이나 찢어 죽였습니다. 이때 죽은 아이들은 과연 어떻게 되었을

악취가 진동하는 피의 강 주변에는 6세부터 사춘기 이전의 아이들이 형벌을 받고 있다. 죄가 클수록 강 가까이에 깊이 파묻혀 꼼짝도 못한 채 벌레나 독충, 지옥사자에 의해 고통을 받는다.

까요?

암곰에 찢겨 죽은 아이만 해도 42명이라면 얼마나 많은 아이가 엘리사를 따라다니며 놀려댔는지 짐작할 수 있습니다. 엘리사는 하나님의 권능을 행한 선지자이니 철없는 아이들이 몇 마디 조롱했다고 즉시 저주했을 리 없지요. 아이들은 줄곧 따라오며 "대머리여 올라가라"고 놀려대며 돌을 던지고 막대기로 찌르는 등 여러 가지 악을 행한 것입니다. 엘리사 선지자는 아이들을 타이르고 야단도 쳐 보았지만 용서할 수 없을 정도로 악한 행동을 했기 때문에 저주했을 것입니다.

이 사건은 사람의 양심이 지금과 같이 악하지 않은 수천 년 전의 일입니다. 그 시대에 하나님의 권능을 행하는 선지자를 조롱하다가 저주받았다면 얼마나 악한 아이들이었겠습니까. 결국 이 아이들은 피의 강 바로 옆에서 땅속에 목까지 파묻히는 형벌을 받습니다. 끔찍한 악취 때문에 숨이 막히고 온갖 독한 벌레에게 물어뜯기며 잔인한 지옥사자들이 고통을 더하니 참으로 가혹하지요.

만일 여러분이 천국에 가서 지옥에서 고통받는 자녀의 모습을 본다면 얼마나 괴롭겠습니까? 따라서 자녀들이 악한 세상에 물들지 않도록 진리로 잘 양육해야 합니다. 아이들이 예배 시간에 떠들거나 뛰어다니지 않고 착실하게 예배드리며 기도하고 찬양하도록 가르쳐야 합니다. 비록 말을 못 알아듣는 갓난아이라 해도 어머니가 믿음 가운데 양육하면 예배 시간에도 울지 않고 잘 자기 때문에 방해가 되지 않으며, 그것이 아이들에게는 하늘의 상급이 됩니다.

부모가 어린아이에게 예배드리는 습관을 잘 들여 주면 3, 4세만 되어도 예배드리며 기도도 할 수 있습니다. 따라서 어릴 때부터 예수 그리스도가 누구신지 가르치고 믿음이 잘 성장하도록 도와주어야 하겠습니다.

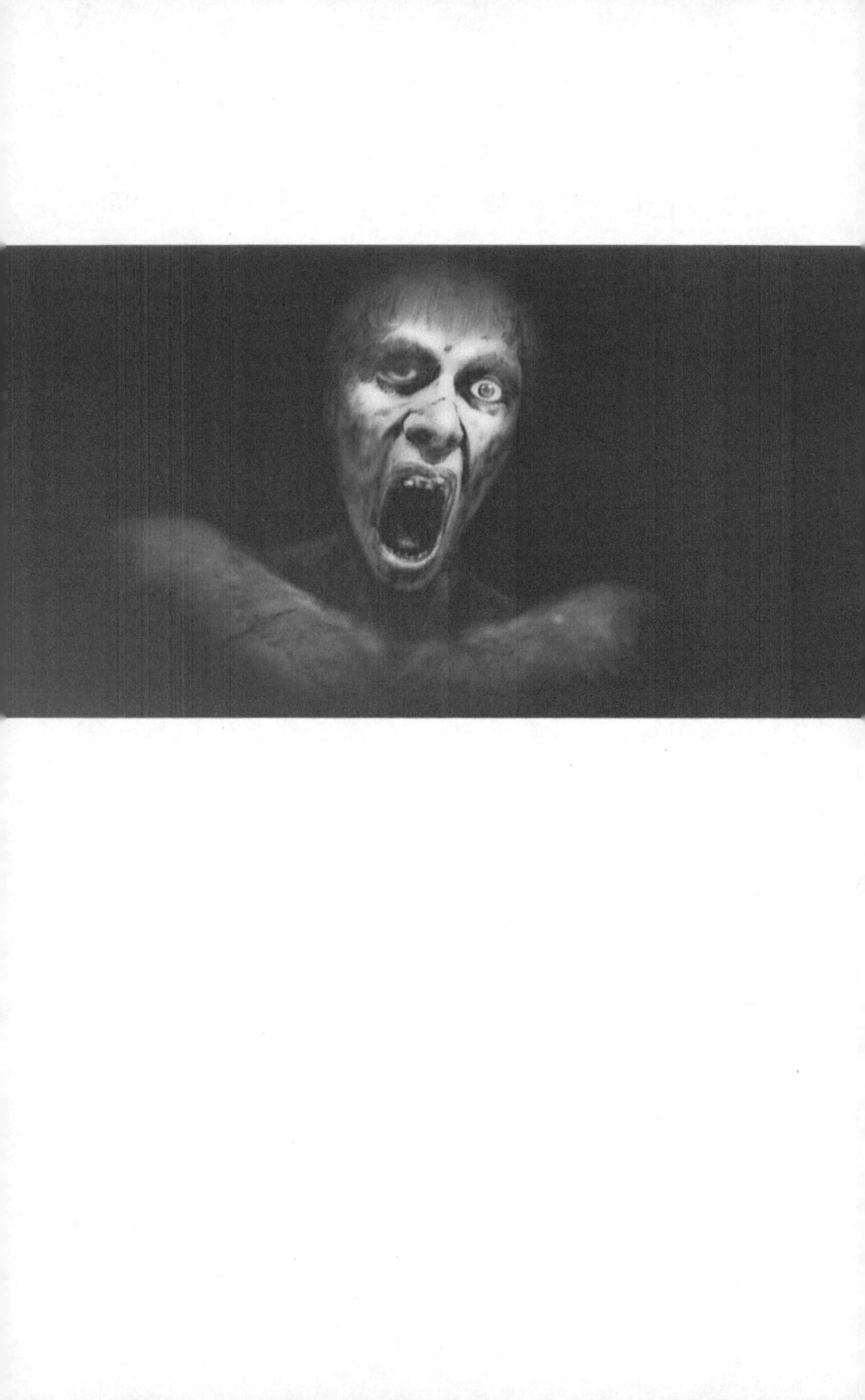

5장

구원받지 못한 사춘기 이후의 사람은 어떤 형벌을 받는가?

네 영화가 음부에 떨어졌음이여
너의 비파 소리까지로다 구더기가 네 아래 깔림이여
지렁이가 너를 덮었도다
이사야 14:11

구름이 사라져 없어짐같이
음부로 내려가는 자는 다시 올라오지 못할 것이오니
욥기 7:9

아랫음부에서 영혼들이 받는 형벌은 이 땅에서 행한 죄악에 따라 각기 다릅니다. 천국에 들어가는 영혼이 이 땅에서의 행함에 따라 영광과 상급이 다른 것처럼, 지옥에 들어가는 영혼도 죄의 경중에 따라 형벌이 다르지요. 죄악에 깊이 물든 영혼일수록 더욱 깊은 곳으로 들어가며, 형벌이 더 무거울 수밖에 없습니다.

갈라디아서 6장 7~8절에 "스스로 속이지 말라 하나님은 만홀히 여김을 받지 아니하시나니 사람이 무엇으로 심든지 그대로 거두리라 자기의 육체를 위하여 심는 자는 육체로부터 썩어진 것을 거두고 성령을 위하여 심는 자는 성령으로부터 영생을 거두리라" 말씀하신 것처럼 반드시 자신이 심고 행한 대로 거둡니다.

그러면 사춘기 이후의 사람들이 아랫음부에서 받는 형벌은 과연 어떤 것일까요? 죄의 경중에 따라 크게 4단계로 나누어 설명하고자 합니다.

1. 바위나 모래, 끓는 물, 얼음 등 생명이 없는 무차원적인 것에 의한 1단계 형벌

어떤 영혼은 사막의 모래보다 일곱 배나 뜨겁게 달궈진 모래 위에서 고통받습니다. 사방으로 끝없이 모래 사막이 펼쳐져 있으니 아무리 달려도 뜨거움을 피할 수 없어 진저리를 치지요.

저는 성지순례 때에 사해로 이동하면서 잠시 간이열차를 이용하지 않고 뜨거운 아스팔트길을 맨발로 달려 본 경험이 있습니다. 일행 두 사람과 함께 달렸는데 처음에는 멋모르고 달렸지만 절반쯤 달리니 더 이상 참을 수 없을 정도로 발바닥이 뜨거웠습니다. 좌우를 둘러보아도 온통 자갈밭이라 피할 곳이 없었지요.

잠시의 그런 뜨거움도 견디기 힘든데 그보다 일곱 배나 뜨겁게 달군 모래 위에서 쉼 없이 고통받는다고 생각해 보십시오. 너무 뜨거워 이리저리 뛰어 보지만 피하거나 벗어날 길이 없습니다. 이것이 아랫음부에서 받는 형벌 중에 가장 가벼운 1단계 형벌입니다.

어떤 영혼들은 아랫음부에서 벌겋게 달군 바위 위에 올려져 마치 석쇠 위의 고기처럼 지글지글 구워지는 형벌을 받습니다. 뿐만 아니라 위에서도 뜨겁게 달군 바위가 내려와 몸을 짓누르지요. 뜨거움도 뜨거움이지만 바위에 눌려 사지가 으드득으드득 소리를 내며 으스러집니다. 갈비뼈가 부서지고 내장이 터지며, 머리가 짓이겨질 때에는 눈알이 튀어나오고 두개골이 바스러지면서 뇌수가 쏟아집니다.

비록 이 땅에서와 같은 육체를 갖고 있지 않다 해도 영계에서 받는 고통은 이 땅에 살아 있을 때처럼 생생하게 느껴집니다. 그래서 영혼 깊은 곳에서 터져 나오는 비명과 함께 '어떻게 이 고통을 면할 수 있을까?' 고뇌하며 탄식하는 소리가 끊이지 않습니다.

이 외에도 1단계 형벌로는 펄펄 끓는 물속에서 허우적거리는 영혼, 차디찬 얼음 위에 누워 있는 영혼 등이 있으며 그나마 이것이 가장 가벼운 형벌에 해당합니다.

2. 벌레, 새, 짐승 등 동물에게 물리고 찢기는 2단계 형벌

하나님께서는 성령의 감동 속에 아랫음부에서 고통받는 한 영혼의
소리를 들려 주신 적이 있습니다.

"내가 이리저리 끌려 다니며
뛰어도 뛰어도 끝이 없나이다.
더러운 짐승과 벌레가 있고 냄새 나고 싫은 곳에서
내 껍질이 벗겨지고 피 흘릴 때에
벌레들이 와서 살을 먹는데
그것을 피하고자 달리고 달려도
여전히 그 자리이나이다.
끝없이 달려도 여전히 와서
내 살을 물어뜯고 내 피를 빨아먹나이다.
내가 두렵고 떨리나이다. 어찌하오리이까…

심히도 두렵고 떨리며 어찌할 바를 모르나이다.
숨을 곳이 어디 있나 둘러보아도 캄캄하며
아무것도 없으며 이 몸 하나 피할 곳이 없나이다.

나를 뒤에서 긁나이다. 내 팔을 물어뜯나이다.

내 피부를 벗기나이다. 내 힘줄을 먹나이다.

내 피를 빨고 있나이다.

내가 지금 이 고통과 괴로움 중에

울다가 훗날에는 불못에 떨어질 텐데

어떻게 하나이까!

내가 주를 믿지는 않았으나 세상에 있을 때에는

나도 선하게 살았다고 생각하였나이다.

이곳에 와서야 내 악이 얼마나 큰지 알게 되었으며

이와 같은 형벌을 받으니

얼마나 후회가 되고 후회가 되는지요.

정녕 나 같은 자가 없게 하소서.

사람의 생각으로는 선하다 생각하고

자기가 하나님 뜻대로 산다고 생각했으나

이곳에 온 자가 많이 있나이다.

믿는다 하면서도 하나님 뜻대로 살지 못하여

여기서 나보다 더 심한 고통을 받는 자가 많이 있나이다.

내가 이 고통을 잊고자

기절하고 싶어도 할 수 없으며,

이 시름을 잊고자 눈을 감아도

그 앞이 환하여 잠시도 쉼을 갖지 못하나이다.

형벌을 피하여 달리고 달려도 그 자리일 뿐이니…

어찌하나이까! 이를 어찌하겠나이까!

나와 같은 자가 없게 하소서.

정녕 나와 같은 자가 없게 하소서…."

이 영혼은 그나마 선한 편이라 이처럼 벌레에 뜯기고 짐승에 찢기는 형벌을 당하면서도 자기와 같이 고통받는 영혼이 없게 해 달라고 호소합니다. 아랫음부에서 불꽃 가운데 고민하며 자신의 가족을 부탁하던 부자도 이런 경우이지요(눅 16장). 하지만 아랫음부의 3단계나 4단계에 떨어진 사람들은 이러한 선도 없기 때문에 그곳에서도 하나님을 대적하고 모든 것을 남의 탓으로 돌리며 서로 물고 뜯고 찢는 것을 볼 수 있습니다.

3. 애굽의 바로 왕은 어떤 형벌을 받나?

성경 인물 중에서 모세를 대적한 애굽의 바로 왕은 2단계의 형벌을 받습니다. 2단계 중에서도 비교적 심한 형벌로 3단계에 가까운 고통을 당합니다.

이스라엘 백성이 애굽에서 노예생활을 하던 때에 모세는 이스라엘 백성을 가나안으로 인도하라는 하나님의 지시를 받고 바로 왕을 찾아갔습니다. 그러나 바로 왕은 노예로 부리던 이스라엘 백성을 쉽게 보내지 않았습니다.

하나님께서는 이러한 바로 왕을 굴복시키고자 모세를 통해 열 가지 재앙을 허락하셨습니다. 하수를 피로 변하게 하고, 애굽 전역에 개구리와 이, 파리 떼가 들끓게 하며 악질과 독종, 우박과 메뚜기, 흑암 등의 재앙을 내리셨습니다. 그때마다 바로 왕은 재앙을 모면하기 위해 이스라엘 백성을 보내 주겠다고 약속했지만, 모세가 기도하여 재앙이 그치면 약속을 어기고 핍박을 계속했습니다.

결국 애굽 온 나라의 장자와 생축의 처음 난 것이 다 죽는 재앙이 임하고 자신의 장자마저 죽고 나서야 이스라엘 백성을 보내 주었습니다. 그러나 또다시 마음이 변하여 군대를 보내 추격해 왔습니다. 그 결과 어떻게 되었습니까? 하나님의 권능으로 홍해가 갈라지자 이스라엘 백성은 갈라진 바다의 땅을 걸어서 건넜지만 뒤쫓아 오던 바로의 군대는 다시 합쳐진 바다 속에 그대로 수장되었습니다.

바로는 크신 하나님의 능력을 거듭 목격하고도 여전히 강퍅한 마음을 바꾸지 않음으로써 장자를 잃고 온 나라가 피폐해지며 군대가 몰살하는 큰 재앙을 당하고 말았습니다. 그러면 바로 왕은 지금 아랫 음부에서 어떤 형벌을 받고 있을까요?

악취 나는 물웅덩이에 갇힌 바로 왕

그는 더럽고 악취 나는 물웅덩이에 갇혀 주변을 둘러보지 못할 정도로 몸이 단단히 고정되어 있습니다. 이 웅덩이에는 바로 왕뿐 아니라 그와 비슷한 죄목을 가진 많은 영혼이 있지요. 이 세상에서 권세를 잡은 왕이었다 해서 더 나은 대우를 받는 것이 아닙니다. 오히려 남들보다 영화로운 자리에서 지시하고 명령하던 사람일수록 지옥사자에게 더 많은 조롱과 고통을 받습니다.

바로 왕이 갇혀 있는 웅덩이는 단순한 물웅덩이가 아닙니다. 폐수와 같이 악취가 진동하는 물속에는 무언가 꾸물꾸물하는 것이 가득 차 있습니다. 구더기와 비슷하지만 그보다 몇 배나 크고 희끄무레한 벌레들입니다. 이 벌레들이 물웅덩이에 갇혀 꼼짝 못하는 영혼에게 달려들어 보드랍고 연약한 부분부터 갉아먹습니다. 눈을 갉아먹고 눈을 통해 머릿속에 파고들면 뇌까지 갉아 들어가 뇌수를 빨아먹지요.

결국에는 머리끝부터 발끝까지 빠드득빠드득 갉아 들어갑니다. 이 고통을 무엇에 비유할 수 있을까요? 이렇게 벌레들에 의해 피로 범벅이 되고 신경 조직까지 갉아먹힐 때에는 몸서리치며 어찌할 바를 모릅니다. 한편 배를 뚫고 몸속에 들어간 벌레들은 위, 간, 심장 등 오장육부를 하나하나 파고듭니다. 심지어 날카로운 입으로 뼛속까지도 빨아먹지요. 구더기보다 몇 배 크고 흉측하게 생긴 징그러운 벌레들이 달려드는데도 꼼짝할 수 없고 눈앞에서 피부와 신경과 뼛속까지 갉아먹

더럽고 악취가 진동하는 물웅덩이에는 구더기와 비슷하지만 그보다 몇 배 크고 희끄무레한 벌레들이 가득 차 있다. 벌레들은 머리끝부터 발끝까지 갉아 들어가며 신경 조직과 뼛속까지 빨아먹고 배를 뚫고 들어가 위, 간, 심장 등 오장육부에 파고든다.

힐 때에 그 고통을 어떻게 표현할 수 있겠습니까?

이 땅에서 그런 고통을 몇 분만 당한다고 해도 제정신이 아닐 것입니다. 그러나 바로 왕은 뼛조각 하나까지 다 갉아먹히도록 또렷한 정신으로 생생하게 모든 고통을 당합니다. 벌레에게 몸이 다 먹히면 고통이 끝날까요? 아닙니다. 잠시 후 먹힌 부분이 재생되어 다시 갉아먹히니 고통이 끝도 없이 계속되지요.

이 밖에도 사나운 짐승들에게 찢기고 먹히거나 독사, 독거미, 전갈과 유사한 독벌레에 물리는 등 갖가지 흉측하고 끔찍한 생물들에게 쉼 없이 고통당하는 것이 바로 2단계 형벌입니다.

선하게 살았다 해도 주님을 영접하지 않으면 죄인

나름대로 선하게 살아도 복음을 전할 때에 받아들이지 않는 사람이 있습니다. 이런 사람은 사람이 보기에 선한 것이지 정녕 진리 가운데 의롭고 선한 것은 아닙니다.

갈라디아서 2장 16절에 보면 "사람이 의롭게 되는 것은 율법의 행위에서 난 것이 아니요 오직 예수 그리스도를 믿음으로 말미암는 줄 아는 고로 우리도 그리스도 예수를 믿나니 이는 우리가 율법의 행위에서 아니고 그리스도를 믿음으로써 의롭다 함을 얻으려 함이라 율법의 행위로서는 의롭다 함을 얻을 육체가 없느니라" 말씀하셨습니다.

참으로 의로운 사람은 우리를 구속하신 예수 그리스도를 믿음으로써 죄를 용서받고 구원에 이르는 사람입니다. 마음 중심에서 예수 그리스도를 믿는다면 하나님 말씀대로 사는 행함이 따릅니다. 무수한 창조의 증거가 있는데도 신을 인정하지 않으며, 하나님의 권능을 보여도 믿지 않는다면 그만큼 양심이 강퍅하고 악한 사람입니다.

그러니 나름대로 선하고 의롭게 살아간다고 해도 끝까지 주님을 영접하지 않으면 결국 지옥으로 갑니다. 이들은 정욕에 따라 마음껏 죄를 지은 악인들보다는 낫기 때문에 1단계나 2단계의 형벌을 받습니다. 복음을 듣지 못하고 죽은 사람 중에 양심 심판을 통과하지 못해서 지옥에 간 경우에도 대부분 이런 형벌을 받지요. 그러나 온갖 악을 행하며 사람의 생명을 해한 사람은 3단계 혹은 4단계의 형벌을 받습니다.

4. 지옥사자에 의해 고문당하는 3단계 형벌

아랫음부의 3단계와 4단계 형벌은 하나님을 대적한 영혼, 양심에 화인 맞은 영혼과 성령 훼방, 거역, 모독하며 하나님의 나라를 훼방한 영혼이 받습니다. 가령, 하나님의 나라를 훼파하려고 하거나 하나님의 사랑받는 종을 중상모략해서 이단으로 정죄하는 경우에는 성령 훼방이기 때문에 지옥의 3, 4단계에 들어갑니다.

그중에 죄가 좀 가벼운 사람이 3단계, 더 무거운 사람이 4단계에 들어갑니다. 3단계에서는 지옥사자가 여러 가지 고문을 하는데, 이 형벌을 이해하기 위해 먼저 사람이 고안해 낸 몇 가지 고문 방법을 살펴보겠습니다.

사람이 고안해 낸 고문과 비교할 수도 없는 형벌

중세 유럽에서는 죄인의 자백을 받기 위해 많은 고문을 했습니다. 가장 일반적인 방법은 금속 조임쇠에 손가락이나 발가락을 집어넣어 으스러질 때까지 조이면서 손톱이나 발톱을 차례로 뽑는 것입니다.

그 다음에는 팔을 뒤로 꺾은 채 손목을 묶어서 공중에 매달아 놓습니다. 이때에도 그냥 매다는 것이 아니라 공중으로 들어올렸다 바닥에 내려놓았다 하는데 그 속도를 천천히 하다가 빨리 하면 고통을 더 극심하게 느낍니다. 더한 경우 매달린 사람의 발목에 수백 킬로그램의 쇳덩이를 묶어 두면 온몸의 근육과 마디마디의 관절이 늘어나면서 사지가 찢어지는 고통을 받지요.

그래도 자백하지 않으면 고문형 의자에 앉힙니다. 이 의자에는 촘촘하게 송곳이 박혀 있습니다. 의자를 보고 놀란 죄인이 앉지 않으려고 발버둥치면 우락부락하게 생긴 장정들이 꼼짝 못하게 붙잡고 꽉 눌러 앉히니 뾰족한 송곳이 전신을 파고드는 고통을 생생히 느껴야 합니다. 때로는 사람을 거꾸로 매달아 두는데 이것만으로도 심한 고문이 됩니다. 시간이 지나면 혈관이 터지고 눈과 귀와 코로 피가 흘러나오니 더 이상 보고 들을 수 없습니다.

또한 불을 사용하는 고문에는 사람의 겨드랑이나 발바닥에 촛불을 서서히 갖다 대면서 태우는 것이 있습니다. 발바닥이나 겨드랑이는 다른 신체 부분보다 민감하고 연약해서 통증이 극심하고 오래 지속되기 때문입니다. 좀 더 심한 경우 쇠장화를 벌겋게 달구어 맨발에 신기기도 하고 쇠장화를 신긴 채 쇠망치로 내리쳐서 뼈까지 으스러뜨립니다. 그리고 불에 달군 집게로 살을 잡아뜯으며 칼로 혀를 도려내고 인두로 입 안을 지지기도 하지요.

결국 죄인으로 인정되어 사형을 시킬 때에는 마차 바퀴처럼 생긴 사형틀에 집어넣고 돌려서 산 채로 온몸을 분해하기도 했습니다. 그런가 하면 납을 불에 녹여서 펄펄 끓는 액체를 귀와 콧구멍에 부어서 죽이는 경우도 있었지요.

이 정도만 소개해도 몸서리가 쳐지고 더 이상 생각하기도 싫을 것입니다. 그런데 지옥사자들이 고문하는 3단계의 형벌은 이와는 비교도 할 수 없이 잔혹합니다. 뜨거운 바위에 눌리거나 벌레와 짐승에게 쫓기는 등 1단계와 2단계의 형벌도 견딜 수 없을 만큼 고통스럽지만 지옥사자들이 직접 영혼들을 고문하는 형벌은 더욱 가혹합니다.

지옥사자들은 일말의 동정심도 없어서 영혼들이 두려워하며 자비를 구할수록 더 즐거워합니다. 또한 고통스러운 비명을 들으면 오히려 쾌감이 들어 '어떻게 하면 더 잔인하고 고통스럽게 괴롭힐 수 있을까?' 궁리하면서 고문합니다.

그러면 아랫음부에서 지옥사자들에게 받는 3단계 형벌에는 구체적으로 어떤 것이 있을까요?

흉악한 돼지 형상의 지옥사자가 온몸을 저미는 형벌

이곳에 있는 영혼 중의 하나는 나무에 묶여 온몸이 칼로 저며지는 형벌을 받습니다. 저민다는 것은 칼로 연필을 깎을 때에 한 꺼풀씩 연필심 주변을 벗겨내거나 생선살을 한 점씩 도려내는 것을 말합니다.

흉악한 돼지 형상의 지옥사자는 살점을 떼어 내는 데 쓰려고 여러 고문 도구를 준비하고 있습니다. 작고 예리한 칼에서부터 도끼 같은 큰 것에 이르기까지 많은 도구를 '슥슥' 갈면서 날을 세웁니다. 아랫음부에서는 도구를 갈지 않는다고 해서 칼날이 무뎌지거나 이가 빠지지는 않습니다. 다만 고문받을 영혼을 더 두렵게 하고자 그렇게 소름끼치는 소리를 내는 것이지요. 흉측한 지옥사자가 칼을 갈다가 징그럽게 웃으며 자신을 쳐다볼 때에 이 영혼은 얼마나 섬뜩하고 끔찍하겠습니까.

"저 칼로 내 살을 베어낼 것인데…

저 도끼로 내 몸뚱이를 잘라낼 것인데…

이제 어찌할까? 그 고통을 어찌 감당할까?"

이런 생각을 하면서 공포감으로 숨이 막혀옵니다. 달아나려고 발버둥쳐 봐도 단단히 감긴 밧줄이 몸 깊숙이 파고들어 상처만 날 뿐 옴짝달싹할 수 없습니다. 드디어 준비를 마친 지옥사자는 날이 선 도구들을 챙겨 들고 서서히 다가와 먼저 손끝의 살점을 베어냅니다.

살점이 붉은 피와 함께 '투둑투둑' 바닥에 떨어지고 열 개의 손톱 역시 잘려 나가지요. 잠시 후면 열 손가락이 앙상한 뼈로 변합니다. 좀 더 큰 연장을 들고 손목과 팔뚝, 그리고 어깨까지 저며내 팔은 어느새 피범벅이 된 뼈만 남습니다. 이어 종아리와 허벅지의 살점이 한 점씩 베어져 나갑니다.

다음에는 배를 저며 들어가 결국 오장육부가 드러납니다. 지옥사자는 창자를 잡아당겨 '획' 하고 집어 던집니다. 다른 장기들도 뜯어 내팽개치거나 갖가지 도구로 갈기갈기 찢어 버립니다. 이때까지 고문받는 영혼은 두 눈을 똑똑히 뜨고 저며진 살점이 땅에 떨어지는 것과 장기가 버려지는 것을 다 보고 있습니다. 만일 누군가가 여러분을 꽁꽁 묶어 놓고 칼로 손등에서 손톱만큼씩 살점을 도려낸다고 상상해 보십시오. 칼날이 몸에 닿을 때의 공포와 도려내는 고통, 그리고 그 상처에서 흐르는 피를 보면서 얼마나 끔찍하고 괴롭겠습니까?

온몸의 살을 저미고 모든 장기를 다 꺼낸 지옥사자는 칼을 놓고 송곳을 집어 듭니다. 이미 이 영혼은 자신이 당할 일을 잘 알고 있습니다. 처음 당하는 고문이 아니라 아랫음부로 끌려온 이후 수백 번, 수천 번도 더 당했기 때문에 그 순서와 방법을 환히 아는 것이지요.

흉악한 돼지 탈을 쓴 지옥사자는 작고 예리한 칼에서부터 도끼 같은 큰 것에 이르기까지 여러 가지 도구를 갈아 날을 세운다. 나무에 묶인 채 온몸이 저며지는 형벌을 받는 영혼은 날선 칼을 들고 다가오는 지옥사자를 보고 공포에 질린다.

지옥사자는 뾰족한 송곳을 들고 영혼의 눈동자를 향해 서서히 다가오다가 마침내 눈동자에 깊숙이 찌른 채 그대로 박아 놓습니다. 송곳이 서서히 다가오는 것을 보고 있는 영혼은 얼마나 무섭고 떨리겠습니까? 또한 뾰족한 송곳이 눈을 파고들 때의 고통은 이루 말할 수 없을 것입니다.

여기서 끝나지 않습니다. 송곳을 박아둔 채 양 볼과 코와 이마와 온 얼굴은 물론 귀와 입술, 그리고 목까지 저며내는데, 목뼈가 하얗게 드러나도록 깎아 들어갑니다. 이렇게 해서 전체의 과정을 한 번 마칩니다. 그러나 이것은 끝이 아니라 새로운 시작일 뿐입니다.

잠시 후면 지옥사자가 저며낸 살이 거짓말처럼 원래대로 회복됩니다. 그동안 고문이 잠시 멎는다 해도 앞으로 또 이어질 고문을 생각하기 때문에 고통은 가중될 수밖에 없습니다. 엄청난 고통이 생생하게 뇌리에 남아 있는데 다시 '삭삭', '쓱쓱' 하면서 칼 가는 소리와 연장들이 부딪치며 내는 소름끼치는 소리가 들려옵니다. 또다시 악몽 같은 기억을 가지고 도구를 가는 흉악한 돼지 형상의 지옥사자를 지켜보아야 합니다.

그리고 새롭게 온몸을 저미는 고통이 시작됩니다. 이러한 고문은 아무리 반복되어도 만성이 되지 않습니다. 오히려 반복될수록 더욱 큰 고통을 느낍니다. 형벌을 받는 영혼은 살려 달라는 애원도 못하며 비명조차 내지 못합니다. 다른 영혼들이 지르는 울부짖음, 철과 철이 부딪쳐서 나는 소름끼치는 소리를 들으며 공포에 질려 어찌할 바를 모릅니다.

상상할 수 없는 공포와 고통으로 얼굴은 흙빛이 되고 기가 질려 목소리조차 나오지 않습니다. 이 땅에 사는 사람들도 신체의 일부가 상하면 얼마나 고통스러워하며 정신적으로 큰 충격을 받습니까? 그런데 아랫음부의 영혼들은 백보좌 대심판을 받아 불지옥에 던져질 때까지 거듭되는 형벌에서 벗어날 수 없음을 잘 아니 더욱 고통이 큰 것입니다.

생체 실험과 비교도 안 되는 아랫음부의 형벌

양심이 조금이라도 있는 사람은 상대의 마음을 아프게 하면 죄책감이 듭니다. 그러나 양심에 화인 맞은 사람은 상대의 고통에 무감각하며 자기 목적을 이루기 위해 끔찍한 일을 서슴없이 저지릅니다.

제2차 세계대전 당시 일부 국가에서는 극비리에 살아 있는 사람을 실험용 흰쥐나 토끼처럼 생체 실험 대상으로 사용했습니다. 건강한 사람에게 암세포를 이식하거나 세균을 감염시킨 다음 얼마큼 견디는지, 어떤 증상을 보이며 죽어 가는지 관찰하는 것입니다.

또한 정확한 자료를 얻기 위해 살아 있는 사람의 배를 갈라 내장을 살펴보거나 뇌를 생생히 관찰하기 위해 두개골을 벗겨 냅니다. 급속도로 기온을 낮춰 사람을 얼리는가 하면, 물에 집어넣고 점점 온도를 올려 가며 고온에서 얼마큼 견딜 수 있는지 실험하기도 합니다. 실험

당하는 사람이 받는 고통이나 생명의 존엄성 등은 전혀 고려하지 않는 것입니다.

그런 생체 실험 대상보다 더욱 비참한 사람이 바로 아랫음부에서 형벌받는 영혼입니다. 이들은 하나님 형상대로 지음받은 사람으로서의 존엄과 가치를 상실했으므로 폐기 처분된 쓰레기나 배설물같이 취급당합니다. 지옥사자는 고문받는 영혼을 동정한다거나 사정을 봐주는 일이 없습니다. 고통을 주면서 가책을 느끼는 일도 없으며 어느 정도 고문했다고 해서 이만하면 됐다 하는 일도 없지요.

바람을 불어넣어 공처럼 부풀려 굴리다가 터뜨리는 형벌

지옥사자는 쓰레기처럼 비참한 처지에 있는 영혼을 가지고 장난감 다루듯이 공놀이를 하기도 합니다. 몸에 바람을 불어넣어 공처럼 팽팽하게 부풀어 오르면 발로 굴리고 차면서 즐깁니다.

사람이 이렇게 된다면 그 내부는 어떻게 되겠습니까? 내장이 부풀어 오름에 따라 갈비뼈와 척추가 부러져 나갈 뿐만 아니라 피부는 터지기 직전까지 늘어나 살이 찢어지는 아픔을 느낍니다. 지옥사자는 이렇게 부풀어 오른 영혼을 굴리고 놀다가 지루해지면 뾰족한 창 끝으로 배를 찔러 터뜨려 버립니다. 팽팽하던 풍선이 터지면 갈기갈기 찢어진 고무조각이 흩어지는 것처럼 이 영혼도 피와 살 조각이 사방으로 튀면서 찢어집니다.

그러나 잠시 후면 다시 회복되어 원래 있던 형벌의 자리에 돌아가니 얼마나 비참한 일입니까? 이 땅에서 살아 있을 때에는 그래도 누군가의 사랑을 받았고 기본적인 인권이라도 있었습니다. 하지만 이곳에 오면 더 이상 아무것도 아닙니다. 존재 가치도 없으며 어떠한 권리도 없고 굴러다니는 자갈만도 못한 존재가 되어 버립니다.

지옥에 가지 않으려면 하나님을 경외하고 그 명령을 지켜야

참혹한 지옥에 가지 않기 위해서는 하나님을 경외하고 그 명령을 지켜야 합니다. 이런 사람은 무엇보다도 먼저 신앙생활의 기본인 주일성수와 십일조를 합니다.

우리가 주일을 지킨다는 것은 하나님의 영적 주권, 곧 영적 세계의 주인이 하나님임을 인정한다는 의미입니다. 따라서 온전히 주일을 지키는 것은 영적으로 하나님의 자녀가 되었다는 증거지요. 만일 주일을 지키지 않으면 아무리 하나님을 믿는다고 해도 영적으로 하나님의 자녀라는 증거가 없으므로 결국 사단의 밥이 되어 지옥으로 갑니다.

또한 십일조를 드린다는 것은 하나님의 물적 주권, 곧 천하 만물이 하나님께 속한 것임을 인정한다는 의미입니다. 말라기 3장 8~9절에는 이스라엘 백성이 십일조와 헌물을 도적질함으로 저주를 받았다고 기록되어 있습니다. 하나님께서 햇빛과 비를 주고 가정과 사업터, 일터를 지켜 주셔서 우리가 소산을 얻는 것이니 모든 것이 하나님 것입니다. 그중 십분의 일만 드리고 나머지는 우리가 쓸 수 있도록 허락하신 것입니다.

하나님께서는 우리가 온전한 십일조와 헌물을 드릴 때에 쌓을 곳이 없도록 축복한다고 하셨습니다. 그런데 이러한 축복의 말씀을 믿지 못하기 때문에 십일조를 드리지 못하지요. 결국 온전한 십일조와 헌물을 드리지 못하는 자체가 믿음이 없다는 증거이므로 구원받지 못하는 것입니다. 또한 하나님의 것을 도적질했기 때문에 지옥에 떨어질 수밖에 없습니다.

온전한 십일조를 하지 않은 영혼 중에는 이런 형벌을 받는 이들이 있습니다. 아랫음부의 한 장소에 의자가 놓여 있는데 의자에는 두 손과 두 발이 꽁꽁 묶인 어떤 영혼이 앉아 있습니다. 그의 한쪽 가슴에는 '도적'이라고 적힌 패가 달려 있습니다. 이는 하나님의 것을 도적질한 도적임을 나타냅니다.

그 주위에는 많은 영혼이 돌멩이와 죽창을 들고 둘러서 있습니다. 의자에 앉아있는 영혼은 물론 그 주변에 둘러서 있는 영혼들도 마찬가지로 십일조를 도적질한 이들이지요. 이 영혼들의 가슴에도 하나같이 '도적'이란 글자가 적힌 패가 달려 있습니다. 그들의 뒤에는 지옥사자들이 한 손에 채찍을 들고 팔짱을 낀 채로 지켜 서 있습니다. 벌겋게 혈안이 된 매서운 눈으로 형벌 받는 영혼들을 감독하지요.

그중 머리로 보이는 지옥사자가 의자에 묶여 있는 영혼을 향해 비아냥거립니다. "네가 세상에서 신앙생활 할 때 십일조를 착복하여 먹고 마시는 데에, 네 배를 불리는 데에 쓰더니 그렇게 좋더냐?" 하고 조롱하는 투로 말하지요. 이윽고 둘러서 있는 영혼들을 향해 신호를 보내는 순간 그들이 의자에 묶인 영혼에게 돌멩이를 던지기 시작합니다. 이 영혼은 돌멩이 세례를 받고 머리끝부터 발끝까지 피투성이가 되어 기절하지요.

이것이 끝이 아닙니다. 이번에는 죽창을 들고 그 영혼을 사정없이 찔러댑니다. 이렇게 잔인한 광경 앞에서 영혼들은 '다음은 누구 차례일까? 내 차례이면 어떡하나.' 하고 두려워하지요. 한 사람씩 돌아가면서 의자에 묶인 채 똑같은 고문을 당하기 때문입니다. 그렇다고 조금이라도 움찔거리면 뒤에서 지켜보던 서슬 퍼런 지옥사자가 채찍으로 사정없이 내리칩니다. 지옥사자에게 고문당할 뿐 아니라 같은 처지의 영혼들끼리 고문하는 잔혹한 곳이 바로 아랫음부입니다.

5. 유대 총독 빌라도는 어떤 형벌을 받나?

예수님 당시의 유대 총독 빌라도는 아랫음부에서 3단계의 형벌 중 채찍에 의한 형벌을 받습니다. 빌라도가 이러한 형벌을 받는 이유는 무엇일까요?

빌라도는 유대 지방을 다스리는 책임자로 예수님을 처형하려면 그의 허락이 있어야 했습니다. 그는 로마에서 파견된 총독으로서 유대 지방을 통치하기 위해 염탐꾼을 곳곳에 파견했으므로 예수님께서 나타낸 기사와 표적은 물론, 무슨 말씀을 하셨는지 다 알고 있었습니다.

또한 유대인들이 예수님을 시기하여 죽이고자 한다는 것도 알았기 때문에 최대한 예수님을 살리려고 했습니다. 그러나 유대인들이 원하는 대로 들어주지 않으면 민란이 일어날 것을 두려워하여 결국 예수님을 십자가에 내주고 맙니다. 자신이 다스리는 지역에서 민란이 일어나면 황제 앞에 책임을 져야 하고 생명까지 위협받을 수 있기 때문입니다. 이처럼 비겁하여 죄 없는 예수님을 십자가에 내준 사건이 결국 그가 받을 지옥의 형벌을 결정하게 되었습니다. 빌라도의 병사들에게 끌려간 예수님은 십자가에 달리기 전 온몸에 채찍을 맞으셨는데 빌라도 역시 지옥사자들에게 채찍을 맞습니다.

빌라도의 이름이 불릴 때마다 채찍에 맞고

예수님께서 맞은 채찍은 긴 가죽 끝에 날카로운 쇳조각이나 뼛조각이 달려 있어 한 번 내리치면 온몸을 휘감으며 살점 깊숙이 파고듭니다. 이렇게 몸에 박힌 채찍을 잡아채면 살점이 함께 떨어져 나오지요. 아랫음부의 빌라도 역시 이와 비슷한 채찍으로 맞는데, 이 땅에서 사람들이 그의 이름을 언급할 때마다 지옥사자는 채찍을 휘두릅니다.

크리스천이라면 예배드리거나 기도회를 할 때에 사도신경으로 신앙고백을 합니다. 그중 '본디오 빌라도에게 고난을 받으사'라는 구절을 암송할 때마다 빌라도는 채찍에 맞습니다. 더구나 많은 사람이 한꺼번에 그의 이름을 말할 때에는 채찍질에 가속도가 붙고 강도도 더 세집니다. 이런 경우에는 주변에 있는 지옥사자가 고문을 지원하기 위해 몰려오지요.

이미 살갖이 다 찢어져 너덜너덜하고 피투성이가 되었지만 지옥사자들이 서로 경쟁하듯 채찍을 휘두르니 살점이 떨어지다 못해 허옇게 뼈가 드러나고 나중에는 뼛속까지 채찍이 파고듭니다.

저주의 상징으로 혀가 뽑혀 고통을 호소하지도 못해

빌라도는 고문을 당하며 "제발 내 이름을 부르지 마소서. 그때마다 내가 괴로움을 겪나이다."라고 호소하지만 마음뿐이고 말로 표현할 수는 없습니다. 예수님께 사형을 언도한 그 혀가 저주받아 이미 뽑혀 버렸기 때문입니다. 비명이라도 지르면 좀 나으련만 그럴 수도 없으니 그 고통이 더합니다. 지옥사자들이 고문하여 몸이 잘릴 때에는 곧 재생되게 마련인데 빌라도의 혀는 저주의 상징으로 뽑힌 채 재생되지도 않습니다.

말을 못하는 빌라도가 자기 이름이 불리지 않기를 아무리 간절히 원한다 해도 마지막 대심판의 그날까지 그의 이름은 온 세상에 저주받은 이름으로 불리고 또 불릴 것입니다. 그때마다 채찍을 맞는 빌라도의 고뇌는 더욱 깊어만 가는 것입니다.

빌라도는 예수님을 십자가에 내줄 때에 물을 가져와 손을 씻으면서 유대인들을 향해 "이 사람의 피에 대하여 나는 무죄하니 너희가 당하라"고 했습니다. 그러자 유대인들은 예수님을 죽이기에 급급하여 "그 피를 우리와 우리 자손에게 돌릴지어다"라고 화답했지요.

그 결과 유대인들은 서기 70년 로마 티투스 장군이 예루살렘을 함락할 때에 대학살을 당했습니다. 그 후 전 세계에 뿔뿔이 흩어져 1948년 해방을 맞을 때까지 온갖 핍박을 받았습니다. 제2차 세계대전 때에는 독일 나치 치하에서 얼마나 많은 유대인이 벌거벗긴 채 가스실에서 죽어 갔습니까? 또 지금도 중동의 많은 국가가 유대인들을 적대시하고 있습니다.

이렇게 유대인들이 자신의 죄에 대한 보응을 받았다고 해서 빌라도의 죄가 감해진 것은 아닙니다. 빌라도는 그러지 않을 수 있는 기회가 있었는데도 결국 범죄하고 말았습니다. 꿈에서 역사받은 아내가 그에게 예수님의 죽음에 관여하지 말라고 간곡히 부탁했지만 이를 무시하고 사형 선고를 한 것입니다.

오늘날에도 옳지 않은 일인 줄 알면서도 자신의 유익을 위해 상대를 중상모략하거나, 악한 자들과 연합해서 사람을 죽이고 배신합니다. 이런 사람은 빌라도와 같이 아랫음부에서 3단계의 형벌을 받습니다.

모든 행위와 은밀한 일을 선악 간에 심판하시는 하나님

빌라도가 손을 씻으며 자신의 비겁한 행동을 유대인 탓으로 돌린 것처럼 자신의 죄를 환경 탓으로 돌리는 사람이 있습니다. 그러나 자신의 악행에 대한 책임을 결코 면할 수 없습니다. 사람에게는 자유 의지가 있어서 선악 간에 스스로 선택할 수 있지만 그 결과에 대해서는 반드시 책임을 져야 합니다. 누구든지 자유 의지에 따라 예수 그리스도를 믿을 수도, 믿지 않을 수도 있습니다. 주일을 지키고 십일조를 하는 것도 스스로 결정할 문제입니다. 그러나 선택의 결과는 '천국의 행복을 누릴 것인가, 아니면 지옥의 형벌을 받을 것인가' 둘 중에 하나입니다.

또한 결과는 전적으로 자신의 책임이므로 '나는 부모님이 핍박하여 하나님을 떠났다' 혹은 '남편 때문에 주일을 온전히 지키지 못하고 십일조도 하지 못했다' 하면서 남의 탓으로 돌린다고 해도 소용없습니다. 진정 믿음이 있다면 어떤 상황에도 하나님을 경외하고 그 명령을 지킬 것입니다. 빌라도는 자신이 내뱉은 말 한 마디로 혀가 뽑힌 채 끊임없이 채찍질당하면서 아랫음부에서 안타깝게 후회하고 있습니다. 아무리 후회하고 탄식해도 그에게는 더 이상 기회가 없습니다.

예레미야 29장 11절을 보면 "나 여호와가 말하노라 너희를 향한 나의 생각은 내가 아나니 재앙이 아니라 곧 평안이요 너희 장래에 소망을 주려 하는 생각이라" 말씀했습니다. 이는 유대인이 하나님 앞에 범죄함으로써 바벨론에 잡혀가 포로생활을 할 때에 앞으로 그들에게 베풀 용서와 자비를 예언한 것입니다.

하나님이 지옥의 말씀을 선포하게 하시는 까닭도 마찬가지입니다. 불신자와 범죄한 사람들을 저주하기 위해서가 아니라, 무거운 죄의 짐을 지고 지옥으로 가는 그들을 구원하기 위해서입니다. 그러므로 지옥에 관한 말씀을 힘들게 여길 것이 아니라 하나님의 사랑을 깨닫고 예수 그리스도를 믿지 않았던 사람은 이제라도 영접하면 되는 것입니다. 또한 그동안 믿는다 하면서도 하나님 말씀 가운데 살지 못했다면 돌이키면 됩니다.

6. 이스라엘의 초대 왕 사울은 어떤 형벌을 받나?

이번에는 아랫음부에서 3단계의 형벌을 받는 영혼 중 이스라엘의 초대 왕 사울을 살펴보겠습니다.

처음 왕위에 오를 무렵 사울은 하나님 앞에 겸비했지만 왕이 된 후에는 점차 교만해져 하나님께 불순종하며 범죄를 거듭하다가 결국에는 버림받고 말았습니다. 사람이 범죄하여 하나님의 징계를 받을 때에는 변명하며 죄를 숨기려 하지 말고 속히 돌이켜 회개에 합당한 열매를 맺어야 합니다. 그러면 하나님께서도 용서의 길을 열어 주시지요.

그러나 사울 왕은 오히려 변명하고 남을 탓하며 잘못을 숨기는

데 급급했습니다. 더구나 불순종한 자신을 대신하여 하나님이 다윗을 택한 것을 알게 되자 일평생 원수로 여기며 죽이려고 쫓아다녔습니다. 심지어 다윗을 도와주었다는 이유로 하나님의 제사장들을 85명이나 살해했으니(삼상 22:18) 이러한 행위는 하나님을 정면으로 대적하는 것과 다를 바 없습니다.

이처럼 하나님께 불순종하며 계속 악을 쌓았지만, 하나님께서 당장 그를 멸하지는 않으셨습니다. 회개할 기회를 주기 위해서였습니다. 만일 우리가 범죄할 때마다 하나님께서 즉시 심판하신다면 살아남을 사람이 없을 것입니다. 용서하고 또 용서하며 오래 참고 기다리시지만 결국 돌이키지 않으니 외면하시는 것이지요.

끝내 돌이키지 않던 사울 왕은 패전하여 쫓기던 중 중상을 입자 자기 칼을 세우고 그 위에 엎드러져 스스로 목숨을 끊는 비참한 최후를 맞습니다(삼상 31:3~5). 그러면 교만한 사울 왕은 어떠한 형벌을 받을까요?

날카로운 창에 배가 꿰뚫린 상태로 매달려 있어

일반적으로 자살한 영혼은 아랫음부에서 형벌 받는 것이 아니라 귀신이 되어 이 땅을 떠돕니다. 그러다가 천년왕국이 시작될 때 아랫음부에 떨어져 형벌을 받지요. 사울 역시 귀신이 되어 이 땅을 떠돌다가 천년왕국 때 아랫음부에 떨어져 3단계 형벌을 받습니다.

그는 날카로운 창에 배가 꿰뚫린 상태로 매달려 있게 되는데, 그가 칼로 자살한 것과, 다윗을 미워하여 죽이려고 창을 던진 대가로 이런 형벌을 받습니다. 창날에는 뾰족하고 예리한 칼날과 송곳 같은 것이 촘촘히 박혀 있습니다. 사람이 그냥 허공에 매달려 있기도 힘이 드는데 창에 꿰뚫린 채 매달린다면 체중으로 상처가 찢어져 고통이 더합니다.

때에 맞춰 흉측한 지옥사자가 다가와 배에 꽂힌 창을 돌리면 날카로운 칼날들이 회전하면서 뱃속을 헤집으니 피부 속의 근육, 뼈, 내장이 파열됩니다. 이렇게 창에 꿰뚫린 채 공중에 매달려 뱃속이 찢겨서 너덜너덜해져도 잠시 후 모든 내장과 기관의 상처가 말끔히 회복됩니다. 그러면 다시 지옥사자가 다가와 창을 돌리는데, 사울은 이렇게 고통을 받으면서 이 땅에서 주어졌던 숱한 회개의 기회를 생각할 것입니다.

"내가 왜 불순종했을까!
내가 왜 하나님을 대적했을까!
사무엘 선지자가 책망했을 때 들었으면 좋았을 것을,
내 아들 요나단이 눈물로 권면할 때라도 회개할 것을,
내가 다윗에게 그렇게 악을 행하지 않았더라면
혹시 형벌이 가벼울 수도 있었을 텐데…."

창에 꿰어 허공에 매달린 고통도 견디기 힘들지만 한 번 고문당한 상처가 아물 즈음에 소름끼치는 지옥사자가 다시 다가올 때에는 더욱 공포에 휩싸입니다. 조금 전에 겪은 고통이 생생하게 떠오르면서 앞으로 당할 고통을 생각하는 것만으로도 숨이 막힙니다. 아무리 "나를 그냥 두소서. 제발 그만 하소서." 하며 애걸해도 소용이 없습니다. 지옥사자는 이처럼 두려워하는 것을 보고 오히려 흡족한 웃음을 지으며 창을 잡아 돌리고 또 돌립니다. 그리하여 쉼 없이 몸이 찢기는 고통을 받습니다.

사울과 같이 불순종을 거듭하지 말아야

오늘날에도 사울과 같은 사람이 많습니다. 처음에는 성령받고 충만하게 하나님 일을 하다가 어느 순간부터는 교만해져 말씀에 불순종합니다. 이전에는 주의 종이나 교회 직분자를 극진히 섬겼는데 직분이 높아지고 말씀을 많이 알게 되니 어느새 자신이 아는 말씀으로 판단 정죄하며 행동이 거만해집니다.

첫사랑의 뜨거움이 점차 식으니 이제는 천국에만 소망을 두는 것이 아니라 예전에 버렸던 세상 것을 다시 좋아하게 됩니다. 교회 안에서도 섬김받기를 원하고 자기 욕심을 따라 물질과 권세를 탐하며 정욕적인 것들을 얻으려고 범죄하기도 하지요. 그로 인해 성령께서 탄식하시니 심령의 곤고함을 느끼고 때로는 하나님의 징계도 임하지만 계속하여 범죄하다 보면 더는 양심의 가책도 받지 않습니다. 하나님의 뜻이 무엇인지 분별하지 못한 채 오직 자기 욕심을 좇아 사는 것입니다.

또한 성도들의 사랑을 받는 주의 종이나 일꾼들을 시기하여 모함하고 훼방하는 사람도 있습니다. 심지어 자기 유익을 위해 교회 안에 분당을 만들거나 그리스도의 몸 된 교회를 훼파하는 일까지 있지요. 이런 사람들은 교만하여 하나님을 대적하다 결국 사단의 밥이 되어 지옥으로 떨어진 사울과 다를 바 없습니다.

베드로전서 5장 5절을 보면 "하나님이 교만한 자를 대적하시되 겸손한 자들에게는 은혜를 주시느니라" 말씀하셨습니다. 교만한 사람은 설교를 들으면서도 "저것은 맞다, 틀리다" 하고 판단 정죄하며 내 생각에 맞으면 "아멘" 하고, 맞지 않으면 받아들이지 않습니다. 하나님의 생각과 사람의 생각은 맞지 않는 것이 대부분인데, 자신의 생각에 맞는 것만 받아들인다면 어찌 하나님을 믿고 사랑한다고 할 수 있겠습니까.

요한일서 2장 15절에 "이 세상이나 세상에 있는 것들을 사랑치 말라 누구든지 세상을 사랑하면 아버지의 사랑이 그 속에 있지 아니하니" 말씀하신 대로 하나님의 사랑이 우리 안에 없다면 하나님과는 아무 상관이 없습니다. 혹여 자신도 모르는 사이에 섬김받기 원하며 마음이 높아지지는 않았는지, 세상을 사랑하는 마음이 틈타지 않았는지 항상 돌아보며 근신하고 깨어 있어야 합니다.

7. 십자가에 달려 4단계 형벌을 받는 가룟 유다

지금까지 아랫음부의 1, 2, 3단계 형벌을 살펴보면서 상상할 수 없을 정도로 참혹함을 느낄 수 있었습니다. 그러면 아랫음부 중에서 제일 깊고 두려운 4단계의 형벌은 과연 어떠한 것이며, 이 형벌을 받는 영혼들은 얼마나 큰 죄를 지은 것일까요?

죄에는 회개하여 용서받을 수 있는 죄가 있는 반면 용서되지 않는 죄, 곧 사망에 이르는 죄가 있습니다(마 12:31~32 ; 히 6:4~6, 10:26~27 ; 요일 5:16). 성령을 거역하고 모독하며, 진리를 알면서도 짐짓 범죄하는 등 용서받지 못할 죄를 지은 영혼들이 바로 지옥의 아랫음부 중에서도 가장 깊은 곳에 떨어집니다.

가령, 질병이나 갖가지 문제가 하나님의 은혜로 해결된 사람이 뜨겁게 신앙생활 하다가 어느 순간 세상의 유혹을 받아 하나님을 떠나는 경우가 있습니다. 나아가 예전에 주님을 알지 못한 때보다 더욱 정욕적으로 세상에 빠지고, 심지어는 교회를 욕하며 주의 종이나 성도들을 비방하기도 합니다.

또 어떤 사람은 하나님을 믿는다면서도 성령의 역사가 충만한 교회를 보면 자신이 이해할 수 없다는 이유로 반감을 가지고 '사단의 역사' 혹은 '이단'이라고 정죄합니다. 이처럼 함부로 교회를 비방하고 하나님을 배신한 사람들은 회개의 영이 오지 않으므로 회개할 수 없습니다. 그러니 죽은 후에는 불신자들보다 더 무거운 형벌을 받습니다.

알고도 행치 않았으니 오히려 믿지 않고 죽은 사람보다 더 심한 고통을 받지요.

"만일 저희가 우리 주 되신

구주 예수 그리스도를 앎으로

세상의 더러움을 피한 후에

다시 그중에 얽매이고 지면

그 나중 형편이 처음보다 더 심하리니

의의 도를 안 후에 받은 거룩한 명령을 저버리는 것보다

알지 못하는 것이 도리어 저희에게 나으니라"(벧후 2:20~21)

양심에 화인 맞은 사람에게는 회개의 영이 오지 않으니

아랫음부에서 4단계의 형벌을 받는 영혼들은 용서받지 못할 죄를 범한 사람 중에서도 양심에 화인 맞은 사람들입니다. 완전히 마귀의 종이 되어 하나님을 대적하며, 성령을 몹시 거역하고 모독하며 훼방한 사람들입니다. 예수님께서는 인류의 저주와 형벌을 대속하고자 십자가에 달려 보혈을 흘리셨지만, 이들은 예수님의 보혈로 용서받지 못할 저주 가운데 빠진 영혼이기 때문에 각자 자기의 십자가에 달린 채로 형벌을 받습니다.

가룟 유다가 대표적인 경우입니다. 그는 이 땅에 오신 하나님의 아들을 직접 보았습니다. 또한 그의 제자가 되어 말씀을 배우며 놀라운

기사와 표적들을 보고 체험했지만, 끝내 자기 욕심과 죄악을 버리지 않음으로써 사단의 사주를 받아 스승인 예수님을 유대인들에게 은 삼십에 팔아넘겼습니다.

그러면 예수님의 십자가 처형을 언도한 빌라도와 예수님을 팔아넘 긴 가룟 유다 중에서 누구의 죄가 더 크겠습니까? 요한복음 19장 11 절을 보면 예수님께서 빌라도에게 답변하면서 이에 대해 알려 주셨 습니다.

"예수께서 대답하시되

위에서 주지 아니하셨더면 나를 해할 권세가 없었으리니

그러므로 나를 네게 넘겨준 자의 죄는 더 크니라 하시니"

가룟 유다는 늦게나마 죄를 깨닫고 후회했지만 용서받을 수 없는 큰 죄를 지었기에 끝내 회개의 영이 주어지지 않았지요. 결국 그는 죄의 짐이 너무 무거워 스스로 목매달고 말았습니다. 사도행전 1장 18절을 보면 시체가 땅에 떨어지면서 배가 터져 창자가 다 흘러나왔 다 하여 그의 비참한 최후를 기록하고 있습니다.

십자가에 매달려 피 흘리며 창에 찔리고 조롱당하니

가룟 유다는 자살했는데도 예외적으로 귀신이 되지 않고 아랫음 부의 가장 깊은 곳에 떨어져 맨 앞의 십자가에 매달려 피를 흘리고 있습니다. 가룟 유다를 필두로 하나님을 크게 거역한 영혼들이 십자가에 달려 쭉 늘어서 있는데, 이 음산한 광경은 마치 전쟁 후의 공동묘지, 혹은 짐승을 잡아 매달아 놓은 도살장을 연상케 합니다.

십자가 형벌은 이 땅에서도 가장 가혹한 사형법 중에 하나입니다. 죄인들이 당하는 처참한 고통을 보고 다른 사람들이 범죄하지 않도록 본보기로 사용하는 방법입니다. 십자가에 못 박힌 채 살이 찢어지는 아픔과 상처에 벌레가 몰려들어 물고 뜯는 아픔은 물론, 온몸에서 피가 빠져나가면서 극심한 고통을 당하니 한시라도 빨리 죽기를 원합니다. 이런 십자가의 고통이 아무리 크다 해도 한 나절이면 죽음을 맞아 고통을 잊을 수 있지만 아랫음부에서는 죽음이 없기 때문에 마지막 백보좌 대심판 때까지 고통을 받으면서 매달려 있어야 합니다.

더구나 가룟 유다의 머리에는 굵은 가시로 만든 관이 씌워져 있는데 그 가시가 계속 자라 피부를 찢고 두개골 사이를 파고들어 부드러운 뇌를 찔러 댑니다. 뿐만 아니라 가룟 유다의 십자가 아래에는 뭔가 꿈틀거리는 짐승 같은 것들이 있습니다. 자세히 보면 아랫음부에 떨어진 다른 영혼들인데 이들까지 그를 괴롭힙니다.

이들도 세상에 있을 때에 하나님을 대적하고 큰 죄를 지은 사람들로서 지옥에서 심한 고문을 당하는데 가룟 유다를 저주하고 창으로 찌르면서 분풀이합니다. 이때 지옥사자들은 "그가 구세주를 팔아넘

긴 자다. 그가 우리에게 이같이 이롭게 하였도다. 정녕 잘하였도다. 웃기는도다." 하면서 가롯 유다를 조롱합니다.

하나님의 아들을 팔아넘겼다는 정신적인 고통

가롯 유다는 형벌로 인해 고통받을 뿐 아니라 자신이 하나님의 아들을 팔아넘김으로 저주받았다는 견디기 어려운 정신적 고통도 함께 받습니다. 점점 자라나는 가시가 머리를 찌를 때마다, 날카로운 창들에 찔릴 때마다 그 기억은 더욱 뚜렷이 살아납니다. 이 세상에서 사람들이 배신자의 대명사로 가롯 유다를 떠올리기 때문에 더욱 그렇지요.

예수님께서는 가롯 유다가 배신할 것과 그의 영혼이 어떻게 될지 아셨습니다. 끝까지 말씀으로 깨우쳐 주려고 했지만 결국 그 마음을 돌이키지 않을 것도 이미 아셨습니다. 마가복음 14장 21절에 "인자는 자기에게 대하여 기록된 대로 가거니와 인자를 파는 그 사람에게는 화가 있으리로다 그 사람은 차라리 나지 아니하였더면 제게 좋을 뻔하였느니라" 말씀하셨지요.

아랫음부의 형벌 중에 가장 가벼운 1단계의 형벌도 그 고통이 크고 참혹한데 가롯 유다가 겪는 4단계 고통은 어떠하겠습니까. 그러니 차라리 태어나지 않은 것이 더 낫다는 것입니다.

지금까지 구원받지 못한 영혼들이 아랫음부에서 어떠한 형벌을 받는지 크게 네 단계로 나누어 알아보았는데 얼마나 무섭고 참혹합니까.

죄를 짓고 악을 행하는 사람들은 하나님을 두려워하지 않고 교회를 훼방합니다. 이렇게 하나님의 역사를 대적하는 사람은 시험 환난을 당하더라도 하나님의 도움을 바랄 수 없습니다. 나아가 생명이 다한 후에는 백보좌 대심판 때까지 아랫음부에 갇혀 자신의 죄과에 따라 혹독한 형벌을 받습니다.

하지만 선과 의를 행하며 경건하게 사는 사람들은 어떤 상황에서도 믿음으로 순종합니다. 그러니 죄악이 가득 차 온 세상이 홍수로 멸망당할 때에도 경건하고 의로운 노아와 가족만은 구원을 받았습니다. 우리도 하나님을 경외하며 그 명령을 지킴으로써 구원에 이르는 것은 물론, 범사에 믿음으로 순종하는 참 자녀가 되어야 하겠습니다.

6장

성령의 역사를 훼방, 거역, 모독한 사람이 받는 형벌은?

누구든지 말로 인자를 거역하면
사하심을 받으려니와 성령을 모독하는 자는
사하심을 받지 못하리라

누가복음 12:10

한번 비침을 얻고 하늘의 은사를 맛보고
성령에 참예한 바 되고 하나님의 선한 말씀과 내세의 능력을 맛보고
타락한 자들은 다시 새롭게 하여 회개케 할 수 없나니
이는 자기가 하나님의 아들을 다시 십자가에 못 박아
현저히 욕을 보임이라

히브리서 6:4~6

마태복음 12장 31~32절을 보면 "사람의 모든 죄와 훼방은 사하심을 얻되 성령을 훼방하는 것은 사하심을 얻지 못하겠고 또 누구든지 말로 인자를 거역하면 사하심을 얻되 누구든지 말로 성령을 거역하면 이 세상과 오는 세상에도 사하심을 얻지 못하리라" 말씀합니다. 예수님께서 복음을 전파하며 권능을 행할 때 이에 대해 귀신 들렸다고 하거나 마귀의 역사라고 비방하던 유대인들을 향해 말씀하신 내용입니다.

오늘날에도 성령의 역사가 나타나는 교회를 보며 '사단의 역사다' 혹은 '이단이다'라고 정죄하는 사람이 있습니다. 성령의 역사를 대적하는 것은, 곧 하나님을 대적하는 것입니다. 그런 사람은 스스로 믿는다고 생각해도 하나님께서 구원받은 자녀라고 인정하시지 않습니다. 하나님의 놀라운 기사와 표적이 나타나는 것을 보면서 이단으로 정죄하거나 마귀의 역사라고 하는 사람들은 성령을 훼방한 것이므로 깊은 지옥에 떨어집니다.

그러면 이들이 아랫음부에서 받을 형벌은 과연 어떠한 것일까요?

1. 부글부글 끓는 불항아리 속에서 밟히는 형벌

"그와 부부의 연을 맺은 것을 후회하고 저주한다.

내가 어떻게 이곳에 와 있는가.

남편 때문에 미혹을 당하였구나."

이는 아랫음부에서 4단계의 형벌을 받는 한 여인의 탄식입니다. 이렇게 쥐어짜는 듯 고통스러운 탄식이 어두운 잿빛 공간에 울려 퍼지는 것은 남편이 미혹하여 함께 하나님을 대적했기 때문입니다. 아내 역시 악했지만 두려워하는 마음이 있었기 때문에 자기 혼자서 성령을 훼방하며 하나님을 대적하지는 못하였습니다. 그러나 정 때문에 남편의 악함에 동조하여 그렇게 된 것입니다.

결국 부부가 함께 악을 행하더니 특이하게도 두 사람은 하나의 짝이 되어 자신들의 죄과대로 형벌을 당합니다. 그러면 이들이 당할 형벌은 구체적으로 어떠한 것일까요?

불항아리 속에 차례로 들어가 고통받는 부부

이들은 독하고 고약한 냄새가 나며 부글부글 끓는 액체가 담긴 항아리 안에 한 사람씩 번갈아 들어갑니다. 지옥사자가 항아리 안에 한 사람씩 집어넣으면 마치 두꺼비의 등살처럼 몸이 부르트고 물집이 잡히며 안구가 튀어나오는 등 갖가지 고통을 받습니다.

어찌하든 그 고통을 면해 보려고 머리를 밖으로 내밀면 항아리 위에서 커다란 발이 내려와 밟아 버립니다. 고문하는 지옥사자의 발로서 발바닥에 쇠꼬챙이 같은 못이 빽빽하게 솟아 있습니다. 이 발에 밟히면 상처투성이가 되어 다시 항아리 속으로 들어갈 수밖에 없습니다.

그러나 잠시 후에 뜨거운 고통을 견디지 못해 항아리 밖으로 머리를 내밀면 또다시 발에 밟혀 밀려 들어가기를 반복합니다. 이러한 형벌은 한 사람씩 번갈아 가면서 당하기 때문에 남편이 고문받는 것을 아내가 보고 아내가 형벌 받는 것을 남편이 지켜봅니다.

육의 세계와 달리 아랫음부에서는 밖에 있어도 항아리 안이 환히 들여다 보입니다. 불항아리 속에서 허우적대며 온몸이 터지도록 고통받는 상대를 보면서 처음에는 부부의 정으로 애통해하며 소리 질러 애원합니다.

"내 아내를 꺼내 주세요.

저 고통 가운데서 그를 꺼내 주세요.

그 발로 밟지 말고 제발 건져 주세요."

하지만 시간이 지나면 애원도 사라집니다. 몇 번 형벌을 받아 보니 상대가 형벌을 받는 동안에는 자신이 잠시 고통을 면할 수 있으며 상대의 형벌이 멈추면 다음에는 자기 차례인 것을 압니다.

부부의 연을 맺은 것을 후회하며 서로 원망하고 저주해

이 세상의 부부는 하늘나라에 가면 더 이상 부부가 아니지만 이들은 아랫음부에서 여전히 부부의 모습으로 같이 고통받습니다. 그래서 상대의 형벌이 멈추면 다음에는 자기 차례인 것을 안 순간부터 지옥사자에게 애원하는 내용이 달라집니다.

지옥사자는 재미있는 영화를 보듯 흥미진진하게 지켜보다 흥을 돋우려고 항아리 아래의 불을 더욱 뜨겁게 한다. 불항아리에 교대로 던져져 고통받는 부부는 서로를 저주하며 자신의 고통을 잠시라도 모면하고자 지옥사자에게 상대가 더 오래 항아리 속에 있게 해 달라고 간청한다.

"저를 건지지 말고 그 안에 더 있게 해 주세요.

그를 그 속에 더 있게 해 주세요."

　아내는 남편이 계속 고통당하기를 원하며, 남편은 아내가 고통당하도록 아우성을 치며 하소연합니다. 그러나 상대가 고통받는 것을 구경한다고 해서 휴식을 취할 수 있는 것은 아닙니다. 다음이 자기 차례인 것을 알기 때문에 잠시 쉰다 해도 그 고통은 여전합니다. 더구나 자신이 고통받는 동안 상대가 지옥사자에게 간청하는 모습을 보면서 더욱 서로를 원망하며 저주합니다.

　자기의 고통이 극심하여 견디지 못할 때에는 사랑했던 사람이라도 그가 대신 고통받기 원하는 추악한 모습이 바로 아랫음부의 실상입니다. 남편을 따라 하나님을 대적한 것을 후회하는 아내가 "너 때문에 내가 이 고통을 당한다."고 원망하면 남편도 가만히 있지 않습니다. 오히려 아내보다 큰 소리로 욕하며 자기의 악행에 동조한 아내를 원망하고 저주를 퍼붓지요. 부부의 연을 맺었던 것을 후회하며 서로 저주하고 상대가 더 오래 고통받도록 간청할 때에 지옥사자는 기뻐하며 즐거워합니다.

"저들이 여기까지 와서 서로 저주하는구나.

이 악한 모습이 우리를 기쁘게 하는구나."

지옥사자는 마치 재미있는 영화를 보듯 홍미진진하게 지켜보다 흥을 돋우려고 항아리 아래의 불을 더욱 뜨겁게 합니다. 고통이 커지는 만큼 서로 주고받는 저주는 커지고, 자연히 지옥사자들의 웃음소리도 커집니다. 이 땅에서도 사람들이 악을 행할 때에 악한 영들이 기뻐합니다. 악을 행할수록 선하신 하나님과는 거리가 멀어지기 때문입니다.

어떤 어려움을 만났을 때에 세상과 타협하거나 힘들다고 불평한다면 원수 마귀 사단은 달려들어 시험과 환난을 더욱 크게 합니다. 따라서 영계의 법칙을 아는 지혜로운 사람은 어떤 상황 속에서도 원망이나 불평을 하지 않습니다. 오히려 감사하고 긍정적인 믿음의 고백을 해 나갑니다. 아무리 악한 사람이 괴롭히더라도 미워하고 맞서는 것이 아니라 "악에게 지지 말고 선으로 악을 이기라"(롬 12:21)는 말씀처럼 선으로 대하면서 하나님께 맡기는 것입니다. 선을 좇으며 빛 가운데 행할 때에 그 자체가 능력과 권세가 되어 원수 마귀 사단이 더 이상 송사할 수 없으며 시험 환난이 신속하게 물러갑니다.

2. 절벽을 기어오르며 벌레에게 물어뜯기는 형벌

교회에서 아무리 주의 종, 장로나 권사, 머리 된 일꾼이라 해도 마음 안에 있는 죄를 버리지 않으면 언젠가는 사단의 밥이 됩니다. 그래서 세상이 좋아 하나님을 떠나거나 하나님을 대적하고 교회를 훼방하면서 용서받지 못할 길로 가기도 합니다. 바로 이런 경우 중 교회의 머리 된 일꾼 가족의 사례입니다. 그들은 마음의 할례를 하지 않고 혈기와 탐심이 가득하여 성도들에게 권세를 휘두르며 주변 사람을 힘들게 하는 등 계속 범죄했습니다. 마침내 징계가 임하여 아버지가 중한 병에 걸려 사망의 문턱에 이르니 가족은 눈물로 회개하면서 아버지를 살려 달라고 간절히 매달렸지요.

하나님께서는 가족의 회개 기도로 아버지를 살려 주셨는데 이때 뜻밖의 말씀을 주셨습니다. 지금 이 영혼을 불러 가면 부끄러운 구원이라도 받겠지만, 살려 주면 나중에는 구원조차 받을 수 없으리라는 것이었습니다. 그 당시 저는 이 말씀의 의미를 이해하지 못했습니다. 그런데 몇 달 후에 일어나는 일을 보면서 이해할 수 있었습니다. 가족 중 교회의 머리 된 일꾼으로 일하던 한 사람이 거짓 증언과 갖가지 악행으로 하나님 나라를 심히 훼방하자 가족도 미혹돼 모두 하나님을 떠나고 말았습니다.

가족 중 한 사람 때문에 온 가족이 하나님을 배신한 경우

가족 중 한 사람이 심히 성령을 훼방하고 모독하니 온 가족이 함께 용서받지 못할 죄들을 범하였고 얼마 후에는 기도받고 살아난 아버지가 죽고 말았습니다. 믿음을 팔아 버리고 죽었으니 구원조차 받을 수 없게 된 것입니다. 그 가족 또한 결국 각자의 죄에 따라 아랫음부에 떨어져 형벌을 받습니다. 그중 어머니와 아들, 아버지는 같은 곳에서 함께 형벌을 받습니다.

이들이 형벌을 받는 장소에는 90도로 경사진 절벽이 있습니다. 까마득하게 높아 끝이 보이지 않을 정도입니다. 울음 섞인 비명이 울려 퍼지고 짙은 피비린내가 나는 절벽 한복판에는 마치 점과 같이 세 영혼이 붙어 있습니다. 거칠고 단단한 절벽을 맨손과 맨발로 기어올라가는데 마치 거친 사포에 갖다 대고 문지른 것처럼 온통 살갗이 벗겨지고 헐어서 피가 낭자합니다.

이처럼 몸이 찢기면서도 필사적으로 기어 올라가는 까닭은 바로 뒤쪽에서 날고 있는 지옥사자 때문입니다. 지옥사자가 그들을 지켜보다가 어느 순간 손을 들면 마치 분무기에서 뿜어져 나온 물 입자처럼 지옥사자의 분신 같은 벌레들이 새카맣게 뿌려집니다. 이 벌레들은 날카로운 이빨을 드러내며 절벽 아래서부터 빠르게 기어올라 이들을 쫓아갑니다.

수많은 벌레가 한꺼번에 움직이면서 내는 사각거리는 소리를 들을 때 얼마나 소름이 끼치겠습니까? 더구나 발과 다리를 타고 기어올라 온몸을 뒤덮는다면 그 끔찍함을 어떻게 설명할 수 있을까요? 그 수가 수천인지 수만인지 헤아릴 수 없을 정도로 많은 벌레가 먹이로 주어진 영혼을 향해 달려드는 것입니다.

흉측한 벌레가 달려들어 온몸을 갉아먹으니

이들은 벌레들을 보고 기겁하며 미친 듯이 절벽 위쪽으로 달아나

지옥사자가 손을 들면 마치 분무기에서 뿜어져 나온 물 입자처럼 벌레들이 새카맣게 뿌려진다. 날카로운 이빨을 드러내며 달려드는 벌레 떼를 피하기 위해 90도로 경사진 절벽을 손발이 뭉개지도록 기어오르지만 이내 벌레에 뒤덮여 아래로 떨어지고 만다.

지만 얼마 지나지 않아 온몸이 벌레로 뒤덮여 땅으로 떨어지고 맙니다. 이들이 벌레에 뜯기면 고통을 참지 못해 짐승처럼 울부짖으며 몸을 뒤틉니다. 서로 벌레에게서 멀어지고자 아들이 어머니를 짓누르고, 아버지가 아들을 짓밟기도 하면서 욕하고 다툽니다.

이런 와중에서도 자기 유익을 구하고 서로 저주하니 지옥사자들이 이들의 추악하고 비참한 모습을 보면서 희희낙락합니다. 그러다가 지옥사자가 손을 내밀어 순간적으로 벌레를 거두어들이면 새카맣게 뒤덮인 것이 일시에 사라집니다. 이때 온몸을 갉아먹히는 고통은 잠시 멎지만 그렇다고 절벽에 오르는 것을 중단할 수는 없습니다.

잠시 후면 지옥사자가 벌레를 또다시 풀어 놓을 것을 알기 때문에 그 전에 어찌하든 절벽 위쪽으로 올라가려고 몸부림칩니다. 언제 다시 고통이 시작될지 알 수 없는 정적 속에서 앞으로 당할 일에 대한 두려움에 시달리며 열심히 기어올라갑니다. 이들이 가파른 절벽을 맨몸으로 힘들게 오르면서 살이 찢어지는 고통 또한 작은 것이 아닙니다. 하지만 언제 달려들지 모르는 벌레에 대한 두려움이 더 크기 때문에 손발과 무릎이 찢어지고 피투성이가 되면서도 끊임없이 기어올라가는 것입니다.

3. 불에 달군 인두로 지지고 꽈배기처럼 비트는 형벌

잠언 18장 21절을 보면 "죽고 사는 것이 혀의 권세에 달렸나니 혀를 쓰기 좋아하는 자는 그 열매를 먹으리라” 말씀하셨습니다. 또한 마태복음 12장 36~37절에는 “사람이 무슨 무익한 말을 하든지 심판 날에 이에 대하여 심문을 받으리니 네 말로 의롭다 함을 받고 네 말로 정죄함을 받으리라” 말씀하시며 사람의 말에 하나님의 심판이 따른다는 사실을 알려 주셨습니다.

진리의 말, 선한 말을 하는 사람은 그 말대로 좋은 열매를 맺지만 악한 말을 하고 믿음 없는 말을 하는 사람은 악한 열매를 맺습니다. 때로는 경솔하게 내뱉은 말 한마디의 실수로 감당하기 어려운 고통을 겪기도 합니다.

어떤 사람은 가족의 핍박으로 고통받으면 “사고를 당해서라도 가족이 회개하면 좋겠다.”는 말을 하거나 기도를 합니다. 그러면 원수 마귀 사단은 이 말을 듣고 즉시 하나님 앞에 “그가 낸 말대로 해야 한다.”고 송사하지요. 그래서 때로는 말 때문에 사고를 당하고, 그로 인해 장애를 얻거나 갖가지 고통을 겪습니다. 그러니 굳이 말로 고난을 자초할 필요가 없지 않겠습니까?

더욱 안타까운 것은 말 때문에 고난이 왔을 때에 믿음으로 이기지 못하고 실족하는 경우가 있다는 점입니다. 또한 말 때문에 고난이 왔는데도 그것을 깨닫지 못하는 사람이 있습니다. 자신이 어떤 말을 했는지조차 기억하지 못하기 때문이지요. 말에는 반드시 보응이 따릅니다. 아무리 선한 의도라 해도 진리의 말, 선하고 아름다운 말이 아니면 원수 마귀 사단에게 올무를 잡혀 연단받습니다. 하물며 고의로 악하고 거짓된 말을 지어 하나님의 몸 된 교회를 훼방한다면 어떻게 되겠습니까?

그러면 말로 심하게 성령을 대적한 경우에 어떠한 형벌을 받는지 구체적인 예를 들어보겠습니다.

말로 심하게 성령을 대적한 경우

이 영혼은 오랫동안 신앙생활을 하면서 여러 직분을 맡아 봉사했지만 가장 중요한 마음의 할례를 하지 않았습니다. 겉으로는 성령 충만한 일꾼이었습니다. 가족 중에는 불치병으로 불구가 될 상황에서 치료받은 사람도 있었고 죽음의 문턱에서 하나님의 은혜로 살아난 사람도 있었습니다. 이 외에도 하나님의 사랑과 축복을 받은 체험이 많았지만 정작 중요한 마음의 악을 버리지 못한 것입니다.

그래서 큰 시험이 오니 사단의 역사를 받아 하나님을 떠나고 말았습니다. 더구나 하나님이 함께하시는 교회를 훼방한 것입니다. 영적인 믿음이 부족한 탓에 교회를 떠났다고 해도 자신이 알지 못하는 것에 잠잠하며, 시간을 두고 옳은 것을 분별하려는 사람이었다면 그나마 하나님의 긍휼을 받을 기회라도 있었을 것입니다. 그러나 이 영혼은 자기 악을 이기지 못하여 입술로 너무 많은 죄를 범했기 때문에 두려운 보응이 따릅니다.

"너는 하나님 앞에서 함부로 입을 열지 말며

급한 마음으로 말을 내지 말라

하나님은 하늘에 계시고 너는 땅에 있음이니라"(전 5:2)

"생명을 사랑하고 좋은 날 보기를 원하는 자는

혀를 금하여 악한 말을 그치며

그 입술로 궤휼을 말하지 말고"(벧전 3:10)

인두로 입술을 지지고 온몸을 비틀어 짜는 형벌

말로 성령을 대적하였기 때문에 먼저 지옥사자에 의해 불에 달군 인두로 입이 지져지는 고통을 받습니다. 입의 형태는 사라지고 그 자리에 인두자국이 찍히지요. 빌라도가 죄 없는 예수님께 사형 언도를 한 결과 지옥에서 혀가 뽑힌 채 고통받는 것과 같은 이치입니다. 뿐만 아니라 이 영혼은 마개가 있는 유리관 속에 들어갑니다. 유리관 양쪽 끝에는 쇠로 된 손잡이가 있는데 지옥사자들이 이것을 하나씩 잡고 비틀면 안에 있는 영혼은 꽈배기처럼 꼬입니다.

점점 심하게 꼬이면서 마치 빨래를 쥐어짤 때에 물이 나오는 것처럼 눈, 코, 입을 비롯한 온몸의 구멍에서 피가 쏟아져 나옵니다. 모든 뼈와 근육 조직이 뒤틀리고 으스러져 핏물과 세포 조직의 진액까지 빠져 나오니 그 고통이 과연 어떠하겠습니까? 유리관 속은 몸에서 짜낸 피와 진액으로 가득 차 마치 포도주처럼 벌겋게 보입니다. 지옥사자들은 비틀어 짜고 또 짜서 더 이상 나올 것이 없으면 잠시 그대로 두어 원래의 몸으로 회복시킵니다.

원래대로 회복된다고 해도 절망이 더할 뿐입니다. 그 순간부터 다시 온몸을 비틀고 쥐어짜기를 끊임없이 반복하기 때문입니다. 결국 회복되는 시간도 고문의 연장선상에 불과합니다. 수많은 말로써 하나님 나라를 훼파하고 다녔으니 그 보응으로 입술을 지지고, 사단의 역사에 따라 힘써 수고한 대가로 온몸의 피와 진액을 쥐어짜는 것입니다.

4. 지옥사자 형상의 기계가 목을 비틀며 고문하는 형벌

또 다른 한 영혼은 하나님께 질병과 연약함을 치료받고 성령의 역사를 체험했습니다. 그 후 나름대로 불같이 기도하며 마음의 할례를 하고자 노력했지요. 그러니 성령의 음성과 주관을 받으면서 열매도 냈기 때문에 뭇 사람에게 칭찬과 사랑을 받아 주의 종이 되기까지 했습니다.

칭찬과 사랑을 받으니 점차 교만이 싹터 자신의 모습을 바로 보지 못하고 자기도 모르는 사이에 스스로 옳다고 여기며 마음의 할례를 멈춰 버렸습니다. 특히 혈기와 시기 질투가 크게 자리잡았는데 이것을 버리고자 애쓰는 것이 아니라 오히려 의롭고 옳은 사람을 판단 정죄하며 자신의 마음에 맞지 않으면 감정으로 쌓아 두었습니다.

교만하므로 사단의 올무에 걸려 하나님을 대적한 경우

사람이 교만하여 악이 발동하면 점점 더 큰 악이 나옵니다. 그러다 보면 스스로를 통제할 수 없고 어떠한 권면도 듣지 않습니다. 이 영혼도 악을 쌓고 쌓다 결국 사단의 올무에 걸리고 마침내 미혹돼 하나님을 대적하기에 이르렀습니다.

구원은 성령을 받았다고 해서 완성된 것이 아닙니다. 성령이 충만하고 은혜를 체험하여 주의 종이나 직분자가 되었다 해도 온전히 성결을 이루기 전까지는 결승점에 도달하지 못한 마라톤 선수와 같습니다. 마라톤에서 아무리 선두 주자라 해도 중도에 주저앉아 버리면 아무 소용이 없습니다. 마찬가지로 천국이라는 결승점을 향해 달려가는데 어느 순간까지는 남들보다 빨리 뛰어 결승점 가까이 도달했을지라도 거기서 멈춰 버리면 그것으로 끝납니다.

하나님께서는 미지근한 신앙생활을 하는 사람은 버림받는다고 말씀하셨습니다(계 3:16). 그러니 믿음이 있는 사람이라면 항상 성령 충만하여 열심히 천국을 침노해 가야 합니다. 중간에 멈추면 처음부터 경기에 참여하지 않은 사람과 같이 구원받지 못하지요. 그래서 사도 바울도 "나는 날마다 죽노라"(고전 15:31), "내가 내 몸을 쳐 복종하게 함은 내가 남에게 전파한 후에 자기가 도리어 버림이 될까 두려워함이로라"(고전 9:27) 고백했습니다.

설령 가르치는 위치에 있을지라도 육신의 생각을 깨뜨리고 지속적으로 마음의 할례를 하지 않으면 결국 버림받습니다. 지금도 원수 마귀 사단은 우는 사자와 같이 두루 삼킬 자를 찾기 때문입니다. 그래서 고린도전서 10장 12절에 "그런즉 선 줄로 생각하는 자는 넘어질까 조심하라" 말씀하신 것입니다.

그러면 마음의 할례를 멈추고 스스로 선 줄로 생각하다가 넘어지고 만 이 영혼이 아랫음부에서 받는 형벌은 어떠한 것일까요?

지옥사자 형상의 고문 기계로 머리를 비틀고 쑤시며

지옥사자 형상의 고문 기계로 형벌을 받는데 크기는 보통 지옥사자의 몇 배나 되며 금속같이 차갑고 섬뜩한 느낌이 듭니다. 고문 기계의 손 부분에는 뾰족하고 날카로운 손톱이 있는데 사람의 키를 넘을 정도의 길이입니다. 고문 기계가 오른손으로 영혼의 목을 잡아 올린 후 왼손의 긴 손톱으로 머리를 비틀어 돌립니다. 이때 손톱이 두개골을 파고 들어가니 그 고통이 얼마나 크겠습니까.

이런 육체적인 고통도 엄청난데 정신적인 고문까지 따릅니다. 고문 기계에 목이 잡힌 채 발버둥치는 영혼의 눈앞에 스크린 같은 것이 펼쳐지고 이 땅에서 가장 행복했던 순간이 생생하게 재연됩니다. 처음 은혜받고 성령이 충만하여 빛난 얼굴로 감사의 찬양을 올리던 장면이나 행복한 웃음으로 가득 찬 얼굴, 열심히 충성하며 하나님 사랑을 크게 받던 장면이 스쳐 지나갑니다.

이러한 기억 하나하나가 날카로운 비수가 되어 이 영혼의 가슴을 찢습니다. 예전에는 주의 종이었고, 새 예루살렘 소망으로 가득 찼었는데 이제는 지옥 형벌을 받는 신세가 된 사실이 뚜렷한 대조를 이룸으로써 그의 정신을 갈기갈기 찢어 놓는 것입니다. 정신적인 고문을 견디지 못해 두 손에 얼굴을 파묻고 피와 땀으로 범벅이 된 채 산발한 머리를 흔들면서 그만 하라고 소리를 지르지만 고문은 멈추지 않습니다. 눈을 가린다고 해서 보이지 않는 것도, 귀를 막는다고 해서 들리지 않는 것도 아닙니다.

얼마 후 고문 기계가 잠시 이 영혼을 내려놓으면 구경하던 지옥사자들이 몰려와서 "네가 무슨 주의 종이냐? 너는 사단의 종이 되었고 사단의 밥이 되었다." 하면서 조롱합니다. 지옥사자가 조롱하는 소리를 들으며 처절하게 울부짖을 때에 다시 고문 기계의 손이 내려와 이 영혼의 목을 잡습니다. 이러한 고문이 마지막 심판 때까지 멈추지 않고 반복되니 참으로 상상할 수 없는 고통이지요.

5. 나무 기둥에 묶여 온몸을 물어뜯기는 형벌

이번 사례는 전에 성도들의 머리 된 위치에서 가르쳤으며, 크고 중요한 직분을 많이 받았던 주의 종의 마지막을 하나님께서 설명해 주신 것입니다. 본래 그에게는 인정받고 싶어 하는 명예욕과 물질, 권세 등에 대한 욕심이 강하게 자리잡고 있었습니다. 사명 감당은 열심히 했지만 자신의 악함을 깨닫지 못했으며, 어느 순간부터 기도까지 쉬어 마음의 할례를 멈추었습니다.

자신도 모르는 사이에 갖가지 죄악이 독버섯처럼 자랐고, 교회에 큰 시험이 오자 금세 사단의 역사를 받아들이고 말았습니다. 사단의 역사를 받아 성령을 훼방할 때에 교회의 머리였던 만큼 많은 사람에게 영향을 끼쳐 함께 하나님 나라를 훼방하게 만들었으니 죄가 더욱 무거워졌지요.

자기 욕심을 좇아 교회를 훼방한 경우

이 영혼은 아랫음부에서 가룟 유다와 같은 십자가 형벌은 아니지만 나무 기둥에 묶인 채로 무거운 형벌을 받습니다. 손발조차 꼼짝 못하도록 묶인 상태에서 지옥사자는 어떤 화면을 보여 줍니다. 이 땅에서 가장 행복하고 충만했던 시간과 주의 종으로서 뜨겁게 열심을 내던 장면입니다. 이것은 과거에 자신이 누리던 행복과, 하나님께서 약속한 축복의 기회가 있었으나 마음의 할례를 하지 않고 탐욕과 거짓 속에서 범죄한 결과가 바로 지금의 형벌이라는 사실을 상기시키며 정신적으로 고문하는 것입니다.

천장에는 시커먼 주머니 같은 것이 주렁주렁 달려 있는데 지옥사자는 한 장면이 지나갈 때마다 "너의 욕심이 이처럼 열매를 맺었도다." 하며 조롱합니다. 그러면 천장에서 열매가 하나씩 떨어집니다. 이것들은 그를 추종하여 함께 하나님을 대적한 사람들의 머리입니다. 또 다른 장면이 지나가며 다시 지옥사자가 "네 욕심이 이렇게 매달렸구나." 조롱하면 천장의 검은 주머니가 또 하나 터지고 머리가

지옥사자가 "너의 욕심이 이처럼 열매를 맺었도다." 조롱하면 천장에서 그를 추종하여 함께 하나님을 대적한 사람들의 머리가 떨어져 독기 어린 기세로 몸을 물어뜯는다. 날카로운 이에서 나온 독성이 뼛속까지 퍼지며 그 고통이 얼마나 큰지 차라리 벌레에게 갉아먹히거나 짐승에게 찢기는 것이 나을 정도이다.

떨어져 독기 어린 기세로 몸을 물어뜯습니다.

이렇게 지옥사자가 말을 할 때마다 머리가 하나씩 떨어지면서 팔 다리와 온몸에 주렁주렁 매달려 마치 열매 맺은 나무처럼 됩니다. 이 영혼들에게 물리는 고통이 얼마나 큰지 날카로운 이에서 나온 독성이 물린 부위로부터 뼛속까지 퍼져 단단해지며 색깔이 검푸르게 변합니다. 차라리 벌레에게 갉아먹히거나 짐승에게 찢기는 것이 나을 정도입니다.

이처럼 물어뜯는 영혼들은 고문을 받으며 이미 팔다리가 잘리고 몸통이 찢겨 머리만 남을 때까지 고통받았습니다. 그러니 이 영혼에 대한 원망이 얼마나 깊겠습니까? 어차피 자신들의 악으로 아랫음부에 떨어졌으면서도 남을 탓하며 원수를 갚고자 달라붙어 물어뜯는 기세가 그만큼 독한 것입니다.

결단코 용서받지 못할 죄는 짓지 말아야

지금까지 하나님을 대적한 사람들이 아랫음부에서 받는 형벌을 설명했습니다. 이들은 한때 교회의 일꾼이었던 만큼 남들보다 더욱 무겁고 참혹한 형벌을 받습니다.

여기서 깨달아야 할 것은 아랫음부에 떨어져 형벌 받는 영혼 중 많은 숫자가 나름대로 하나님을 믿는다며 열심히 충성 봉사한 사람이라는 사실입니다. 또한 성령 훼방이나 거역, 모독하는 일은 결단코 있어서는 안 된다는 점입니다. 믿는다 하면서도 성령을 대적한 사람들이나 성령의 역사를 체험하고도 배신한 사람에게는 회개의 영이 오지 않으므로 돌이킬 수조차 없기 때문입니다.

더구나 하나님이 함께하셔서 권능이 나타나는 교회를 판단 정죄한다면 이는 명백히 성령을 훼방하는 행위이므로 결코 용서받을 수 없습니다. 또한 어떠한 경우에도 하나님께서 주신 사명을 임의로 버리는 일이 없어야 합니다. 예수님께서는 달란트 비유를 통해 우리에게 사명의 중요성을 깨우쳐 주셨습니다(마 25장). 사명을 감당치 않고 갖고만 있어도 버림을 받는다는 내용입니다. 우리 주변에 이를 팽개친 사람이 얼마나 많습니까? 사명을 임의로 버렸다면 반드시 심판받습니다.

"오랜 후에 그 종들의 주인이 돌아와

저희와 회계할새…

한 달란트 받았던 자도 와서 가로되

주여 당신은 굳은 사람이라 심지 않은 데서 거두고

헤치지 않은 데서 모으는 줄을 내가 알았으므로

두려워하여 나가서 당신의 달란트를 땅에 감추어 두었었나이다

보소서 당신의 것을 받으셨나이다

그 주인이 대답하여 가로되

악하고 게으른 종아 나는 심지 않은 데서 거두고

헤치지 않은 데서 모으는 줄로 네가 알았느냐

그러면 네가 마땅히 내 돈을 취리하는 자들에게나 두었다가

나로 돌아와서 내 본전과 변리를 받게 할 것이니라 하고

그에게서 그 한 달란트를 빼앗아

열 달란트 가진 자에게 주어라

무릇 있는 자는 받아 풍족하게 되고

없는 자는 그 있는 것까지 빼앗기리라

이 무익한 종을 바깥 어두운 데로 내어쫓으라

거기서 슬피 울며 이를 갊이 있으리라"(마 25:19~30)

외식을 버리고 마음의 할례를 해야

뿐만 아니라 예수님께서는 외식하는 바리새인과 서기관들을 책망하며 마음의 할례의 중요성을 말씀하셨습니다. 바리새인과 서기관들은 겉으로 보면 믿음이 있고 신앙생활을 잘하는 것처럼 보이지만 마음에는 악으로 가득 차 있어서 예수님께서는 그들을 향해 회칠한 무덤과 같다고 책망하셨습니다.

"화 있을진저 외식하는 서기관들과 바리새인들이여

회칠한 무덤 같으니 겉으로는 아름답게 보이나

그 안에는 죽은 사람의 뼈와 모든 더러운 것이 가득하도다

이와 같이 너희도 겉으로는 사람에게 옳게 보이되

안으로는 외식과 불법이 가득하도다"(마 23:27~28)

사람이 아무리 화장을 하고 겉모습을 아름답게 한들 마음에 악이 가득 차 있다면 무슨 가치가 있겠습니까? 하나님께서는 무엇보다도 마음의 할례를 해서 악을 버리기를 원하십니다. 전도하고 심방하며 봉사하는 것도 중요하지만 빛 가운데 행하며 하나님의 마음을 닮아 나가는 것이 더욱 중요합니다.

그렇지 않으면 비록 지금 열심히 주의 일에 힘쓰더라도 참 마음과 온전한 믿음에서 나온 것이 아니므로 언제라도 변질될 수 있기 때문에 하나님 앞에 참 기쁨이 되지 못합니다. 그러나 거룩하고 온전하게 되고자 노력하며 마음의 할례를 해 나가는 사람의 충성은 하나님께서 기뻐 받으실 만한 향이 됩니다.

지금까지 증거한 아랫음부에 관한 말씀은 하나님께서 친히 주신 것으로 조금도 거짓이 없습니다. 오히려 너무 형벌이 참혹해서 다 증거하지 못하고 일부만 알려드렸습니다. 만일 하나님의 자녀로서 합당한 자격을 갖추지 않고 기도를 쉬며 마음의 할례를 멈추면 사단이 역사하여 구원에서 멀어질 수도 있습니다. 지옥이 얼마나 참혹하고 무서운 곳인지 깨달아 더욱 기도와 전도에 힘쓰며 항상 자신을 돌아보아 온전한 구원에 이르기를 바랍니다.

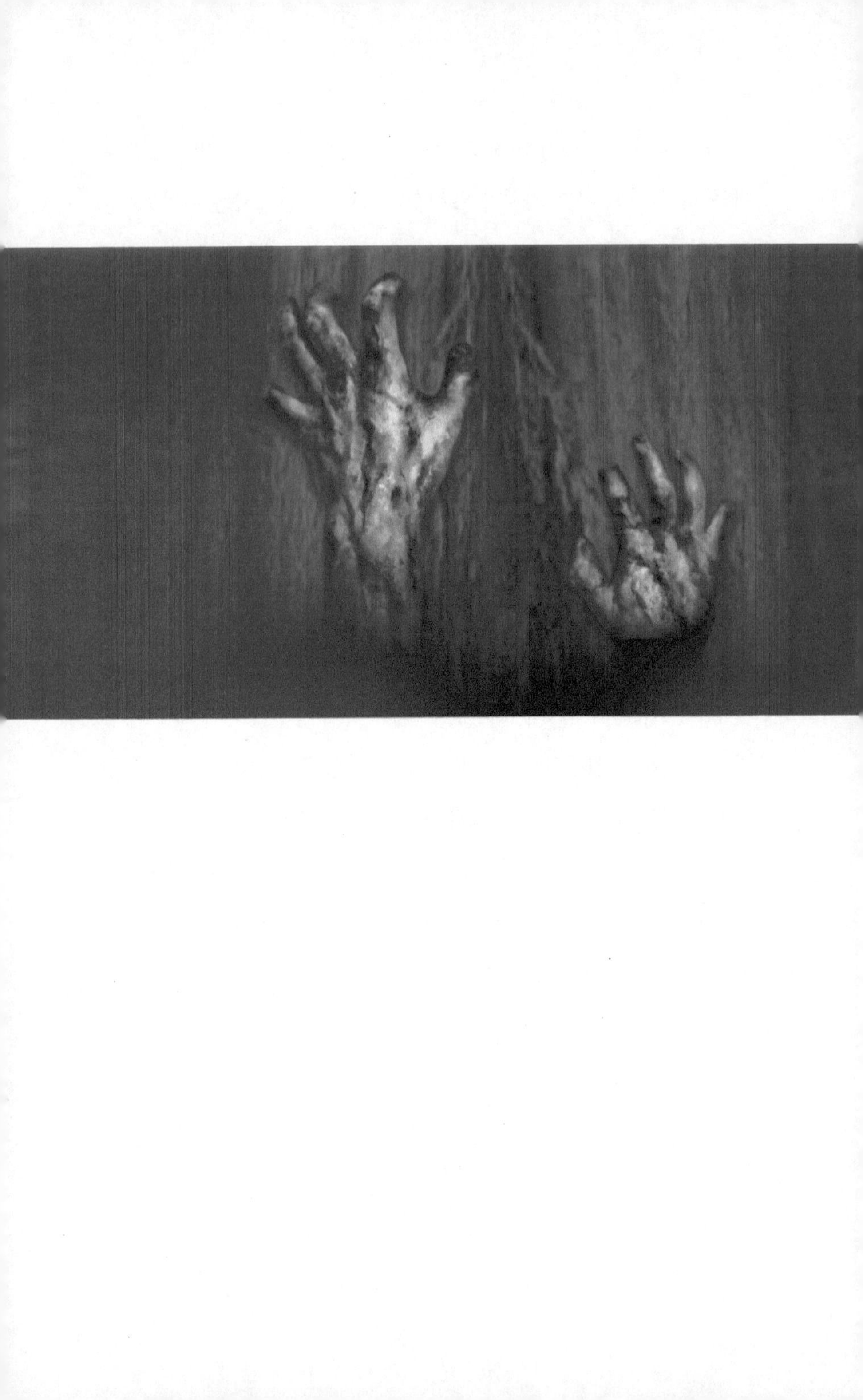

7년 대환난에 떨어진 사람은 어떻게 구원받는가?

이 천국 복음이
모든 민족에게 증거되기 위하여
온 세상에 전파되리니 그제야 끝이 오리라
마태복음 24:14

누구든지 짐승과 그의 우상에게 경배하고
이마에나 손에 표를 받으면 … 불과 유황으로 고난을 받으리니
그 고난의 연기가 세세토록 올라가리로다
요한계시록 14:9~11

오늘날 역사의 흐름이나 성경에 기록된 말씀을 살펴보면 주님께서 말씀하신 '인자가 올 때'가 참으로 가까워졌음을 느낄 수 있습니다. 최근에 일어난 일만 보더라도 수백 년에 한 번 있을까 말까 한 지진과 홍수가 이곳저곳에 발생하는가 하면, 대형 산불이나 큰 태풍으로 수많은 사람이 재산과 생명을 잃기도 했습니다. 아프리카, 아시아 등지에서는 심한 가뭄으로 수백만 명이 기아에 허덕이며, 지구 전역에 오존층 파괴, 엘니뇨, 라니냐 현상 등으로 인한 이상 기후의 피해가 심각하게 나타나고 있습니다.

이러한 일은 마태복음 24장에 기록된 대로 약 2천 년 전에 예수님의 제자들이 "주의 임하심과 세상 끝에는 무슨 징조가 있사오리이까?" 물었을 때에 예수님께서 친히 답변하신 내용과 정확하게 일치합니다. 예를 들면 "민족이 민족을, 나라가 나라를 대적하여 일어나겠고 처처에 기근과 지진이 있으리니 이 모든 것이 재난의 시작이니라"(마 24:7~8) 말씀하는데 얼마나 놀라운 사실입니까? 그러므로 주님께서 다시 오실 날이 매우 가까워졌음을 깨달아 슬기로운 다섯 처녀와 같이 항상 깨어 있어야 합니다.

1. 주님의 공중 강림과 휴거

약 2천 년 전에 십자가에 못 박혀 죽으신 지 3일 만에 사망 권세를 깨뜨리고 부활한 주님께서는 많은 사람이 보는 가운데 하늘로 올라

가셨습니다. 사도행전 1장 11절을 보면 "갈릴리 사람들아 어찌하여서서 하늘을 쳐다보느냐 너희 가운데서 하늘로 올리우신 이 예수는 하늘로 가심을 본 그대로 오시리라" 말씀하셨지요. 사망 권세를 깨뜨리고 구원의 길을 열어 놓은 주님께서는 천국의 처소를 예비하고 계십니다. 그리하여 하나님의 때가 이르고 천국의 처소가 예비되면 다시 오시는 것입니다(요 14:3).

"주께서 호령과 천사장의 소리와 하나님의 나팔로

친히 하늘로 좇아 강림하시리니

그리스도 안에서 죽은 자들이 먼저 일어나고

그 후에 우리 살아남은 자도 저희와 함께 구름 속으로

끌어올려 공중에서 주를 영접하게 하시리니

그리하여 우리가 항상 주와 함께 있으리라"(살전 4:16~17)

구원받은 성도들의 휴거와 7년 혼인 잔치

주님께서 수많은 천군 천사가 호위하는 가운데 구름을 타고 강림하시는 모습은 얼마나 장관이겠습니까? 이때 믿음으로 구원받은 성도들은 모두 들려 올라가 공중에서 신랑 되신 주님과 7년 동안 혼인 잔치를 합니다. 주님을 믿고 죽은 영혼들이 먼저 부활하여 공중으로 들려 오르고 그 후에 살아서 주님을 영접한 이들이 신령한 몸으로 변화되어 들림받습니다. 이렇게 살아서 공중으로 들림받는 것을 휴거라고 하지요. 여기서 공중이란 어디를 말하는 것일까요?

에베소서 2장 2절을 보면 "그때에 너희가 그 가운데서 행하여 이 세상 풍속을 좇고 공중의 권세 잡은 자를 따랐으니 곧 지금 불순종의 아들들 가운데서 역사하는 영이라" 말씀합니다. 이처럼 공중은 악한 영들이 권세 잡은 곳이기도 합니다.

그러나 7년 혼인 잔치를 할 곳과 악한 영들이 있는 곳이 같은 장소는 아닙니다. 다만 '공중'이라고 똑같이 표현한 까닭은 비록 그 영역이 철저히 구분되어 있기는 하나 모두 한 공간에 속하기 때문입니다. 이에 관한 자세한 내용은 『창세기 강해』와 『천국 상』 책자를 참조하기 바랍니다. 구원받은 성도들은 공중에서 신랑 되신 주님을 만나 7년 동안 혼인 잔치를 하니 얼마나 기쁘고 행복하겠습니까?

"우리가 즐거워하고 크게 기뻐하여 그에게 영광을 돌리세

어린 양의 혼인 기약이 이르렀고 그 아내가 예비하였으니

그에게 허락하사 빛나고 깨끗한 세마포를 입게 하셨은즉

이 세마포는 성도들의 옳은 행실이로다 하더라

천사가 내게 말하기를 기록하라

어린 양의 혼인 잔치에 청함을 입은 자들이

복이 있도다 하고 또 내게 말하되

이것은 하나님의 참되신 말씀이라"(계 19:7~9)

휴거된 성도들은 주님과 혼인 잔치를 하면서 믿음으로 세상을 이긴 것을 보상받습니다. 그러나 휴거되지 못한 사람들은 공중 권세를 잡고 있다가 이 땅으로 쫓겨난 악한 영들에게 상상할 수 없는 환난을 당합니다.

2. 휴거되지 못한 사람들이 겪는 7년 대환난

구원받은 성도들이 공중에서 7년 동안 혼인 잔치를 하면서 주님과 기쁨을 나누는 동안 이 땅에서는 인류 역사상 유례 없는 대환난의 참상이 벌어집니다.

제3차 세계대전이 일어나고 짐승의 표를 받으며

핵전쟁이라 불리는 제3차 세계대전이 일어나 지구상에 있는 수목의 삼분의 일이 불타서 사라지고 수많은 사람이 사망합니다. 전쟁 중에는 공해가 심해 신선한 공기와 물을 구하기가 어려워지며 식료품과 생필품의 값이 엄청나게 인상됩니다. 또한 휴거되지 못하고 남은 인류 전체를 대상으로 오른손이나 이마에 짐승의 표라 불리는 666표를 받게 합니다. 짐승의 표를 받지 않으면 신분이 보장되지 않으며 매매 활동을 전혀 하지 못하니 생필품조차도 살 수 없지요.

"저가 모든 자 곧 작은 자나 큰 자나

휴거되지 못한 사람 중에는 이전에 교회에 다녔던 사람도 많으며, 전도받은 경험이 있어 하나님 말씀을 기억하는 사람도 많습니다. 또는 하나님을 믿다가 믿음을 저버린 사람, 스스로 하나님을 믿는다고 생각했는데 휴거되지 못한 사람이 부지기수입니다. 성경을 분명히 믿었더라면 신앙생활을 잘하였을 터인데 그렇지 못했기 때문에 이 땅에 남은 것입니다.

짐승의 표를 받으면 지옥의 형벌을 받고

실제로 휴거가 일어난 것을 보고 나서야 이들은 비로소 성경의 모든 말씀이 참이라는 사실을 깨닫습니다. 큰 두려움에 사로잡혀 하나님 뜻대로 살지 못한 것을 회개하며 어찌하든 구원받을 길을 찾으려고 하지요. 짐승의 표를 받으면 지옥에 떨어지며 어떤 형벌을 받는지 들어 알고 있기 때문에 어찌하든 받지 않으려고 힘씁니다. 그래서 자신도 믿음이 있다는 증거를 삼으려 하는 것입니다.

"또 다른 천사 곧 셋째가 그 뒤를 따라 큰 음성으로 가로되

만일 누구든지 짐승과 그의 우상에게 경배하고

이마에나 손에 표를 받으면…

거룩한 천사들 앞과 어린 양 앞에서

불과 유황으로 고난을 받으리니

그 고난의 연기가 세세토록 올라가리로다

짐승과 그의 우상에게 경배하고 그 이름의 표를 받는 자는

누구든지 밤낮 쉼을 얻지 못하리라 하더라

성도들의 인내가 여기 있나니

저희는 하나님의 계명과 예수 믿음을 지키는 자니라"(계 14:9~12)

악한 영들이 장악한 세상에서 짐승의 표를 받지 않고 버티는 일은 결코 쉽지 않습니다. 악한 영들 역시 이들이 표를 받지 않고 순교할 때에는 구원받을 줄 알기 때문에 순순히 놔둘 리 없는 것입니다. 어찌하든 예수를 부인하도록 잔인한 방법을 총동원하여 끔찍한 고문을 하지요. 그렇다고 그 고통을 피하기 위해 스스로 죽음을 선택할 수도 없습니다. 자살하면 구원받을 수 없기 때문입니다.

짐승의 표를 받지 않고 순교하면 구원받아

잔인한 고문을 견뎌 내기란 너무 힘든 일이므로 구원의 마지막 기회라도 잡는 사람은 극소수에 지나지 않습니다. 하나님께서는 7년 대

환난에 떨어진 사람이 고문당하는 모습을 보여 주셨습니다. 얼마나 고통이 심한지 대부분 이기지 못하고 굴복합니다.

피부를 벗겨내고, 온몸의 관절을 부러뜨리며 손가락, 발가락 혹은 팔다리를 자르고 몸에 펄펄 끓는 기름을 붓는 등 참혹한 장면이었습니다. 어떤 사람은 자신이 고통받을 때에는 그래도 견디지만 연로한 부모나 어린 자녀를 데려다가 자신이 보는 앞에서 고문할 때에는 괴로움을 이기지 못하고 굴복하였습니다.

그런 와중에서 극히 적은 숫자이기는 하지만 몇몇 사람들은 고문과 유혹을 이겨 내고 순교합니다. 이렇게 순교하여 뒤늦게나마 구원의 대열에 동참하지요. 물론 부끄러운 구원을 받아 낙원에 가지만 지옥에 떨어지지 않는다는 것만으로도 얼마나 다행입니까. 그러므로 우리는 이러한 사실을 널리 알려야 합니다. 지금은 한 귀로 듣고 한 귀로 흘려버리는 것 같아도 나중에 기억하여 그들이 순교할 수 있는 길이 될 수 있기 때문입니다.

3. 7년 대환난 가운데 구원받으려면

그러면 7년 대환난의 고통이 어떠한지 하나님께서 알려 주신 한 영혼의 예를 들어 보겠습니다.

이 영혼은 하나님의 특별한 은혜를 입어 영계의 깊고 비밀한 것까지도 직접 보고 들었지만 마음에 악이 많고 믿음이 작았습니다. 그러나 하나님의 섭리 가운데 영적 은사를 받았으므로 많은 사명을 감당했고 이 사명은 하나님 나라를 이루는 데 큰 역할을 했으며 하나님을 기쁘게 하였지요. 대부분 이런 사람은 믿음이 클 것이라고 생각하지만 하나님 편에서 볼 때에는 믿음이 작은 사람도 많습니다. 하나님께서 측정하는 것은 육적인 믿음이 아니라 영적인 믿음이기 때문입니다.

아무리 하나님 말씀을 많이 알고 하나님의 역사를 눈으로 보고 들었다 해도 행함이 따르지 않는다면 믿음이라고 할 수 없습니다. 영적인 믿음을 지니면 하나님 말씀을 아는 데 그치는 것이 아니라 순종하여 계명을 지키며 마음의 할례를 해 나갑니다. 그러므로 우리가 말씀에 순종하여 얼마나 하나님의 마음을 닮느냐에 따라 영적인 믿음의 크고 작음이 결정됩니다.

교만하여 불순종을 거듭하며 하나님을 대적한 경우

그런 의미에서 이 영혼은 믿음이 작았습니다. 마음의 할례를 하려고 애쓴 적도 있지만 결국 악을 버리지 못한 채 세월이 흘렀고 하나님 말씀을 가르치는 위치에 있으니 점점 교만해졌지요.

스스로 믿음이 크다고 생각하며 심지어 자신이 없으면 하나님 뜻이 이루어지지 않을 것처럼 생각했습니다. 점차 자신의 은사로써 나타나는 영광을 하나님께 돌리지 않고 자신의 것인 양 생각했습니다. 자신을 높이고 섬기게 만들었으며 하나님 것을 임의로 사용하여 자신의 정욕을 채우기 위한 방편으로 삼았습니다. 또한 하나님 뜻을 알면서도 자신이 원하는 대로 불순종을 거듭했지요.

아무리 은사를 받아 하나님 나라를 이루어 가는 도구로 쓰인 사람이라도 불순종을 거듭하면 결국 버림받습니다(삼상 15:22~23). 물론 이 영혼도 말씀을 알기 때문에 자신의 죄를 알았고 두려움 가운데 거듭 회개하기도 했습니다. 그러나 말로만 회개할 뿐 번번이 같은 죄를 반복하니 죄의 담이 점점 높아졌습니다.

베드로후서 2장 22절에 "참 속담에 이르기를 개가 그 토하였던 것에 돌아가고 돼지가 씻었다가 더러운 구덩이에 도로 누웠다 하는 말이 저희에게 응하였도다"라는 말씀처럼 회개한 후에 또다시 죄짓기를 반복한 것입니다. 이렇게 교만과 욕심과 여러 범죄로 인해 마침내 하나님께서 외면하시니 결국 사단에 사로잡혀 하나님을 대적하는 도구가 되고 말았습니다.

7년 대환난 때에 회개할 수 있는 최후의 기회를 얻으면

일반적으로 성령을 훼방, 거역, 모독하면 죄를 용서받을 수 없습니다. 영원히 용서받을 기회조차 얻지 못하고 아랫음부의 형벌에 떨어지는 것입니다. 그런데 이 영혼의 경우에는 조금 특별한 점이 있습니다. 많은 범죄와 악행에도 불구하고 하나님께서는 그가 회개할 수 있는 최후의 기회를 남겨 놓으셨습니다. 이는 전에 하나님의 나라를 위해 특별한 도구로 사용하셨기 때문입니다. 비록 자신의 교만 탓에 사명을 버리고 천국에서 얻을 영광의 약속 또한 저버렸지만, 과거에 하나님의 기쁨이 된 일로 인해 다시금 기회를 주신 것이지요. 7년 대환난 중에 순교하여 구원받을 수 있는 기회입니다.

지금은 자신의 생각 속에 사단에 사로잡혀 있지만 주님께서 공중 강림하시고 휴거가 일어나면 마치 꿈에서 깬 것처럼 정신을 차립니다. 하나님 말씀을 잘 알고 있기 때문에 앞으로 자신이 가야 할 길을 명확하게 알지요. 그리고 구원받을 길은 순교뿐임을 깨달아 죄악을 회개하고 휴거되지 못한 사람들을 모아 열심히 예배드리며 순교할 준비를 합니다.

믿음으로 순교하여 부끄러운 구원이라도 받아야

그리하여 때가 되면 짐승의 표인 666을 거부함으로써 고문을 받습니다. 발끝에서 머리끝까지 살갗을 한 꺼풀씩 벗겨냅니다. 연약하고 수치스러운 부분까지도 불에 달군 인두로 지지며, 고통을 가장 극렬하고도 오랫동안 느끼도록 시간과 강도를 조절하여 지속적으로 고문합니다.

비명과 함께 살이 타는 냄새가 진동하는 가운데 살가죽이 벗겨져 피범벅이 된 이 영혼의 머리는 아래로 꺾이고 얼굴에는 고통을 이기지 못하여 마치 시체같이 검푸른 기운이 가득합니다. 만일 이런 고통을 끝까지 이기고 순교한다면 자신이 저지른 무수한 악행에도 불구하고 부끄러운 구원이나마 받을 수 있습니다.

그러나 이 영혼이 참혹한 고문을 견디지 못하고 짐승의 표를 받으면 당장은 고문을 면한다 해도 결국 죽어서 아랫음부에 떨어집니다. 가룟 유다의 바로 뒤편 오른쪽 십자가에 못 박힌 채 형벌을 받습니다. 이때 아랫음부의 십자가에서 받을 형벌은 그가 7년 대환난 중에 받은 고문과 흡사합니다. 온몸의 가죽을 벗기고 불에 달군 인두로 몸을 지지는 형벌을 천 년이 넘도록 반복적으로 당해야 합니다.

지옥사자들과 이 땅에서 자신을 추종하여 악을 행한 이들이 그 고문을 하는데 그들도 각자의 죄과대로 형벌을 받으면서 고통과 분노를 이 영혼에게 품니다. 아랫음부에서 이처럼 고문을 당하다가 천년왕국이 지나고 백보좌 대심판을 받은 후에 유황으로 타는 지옥으로 던져지고 이곳에서는 더욱 참혹한 형벌이 기다립니다.

4. 주님의 지상 재림과 천년왕국

7년 대환난이 끝난 후에 주님께서 이 땅에 재림하시고 천년왕국이 시작되면 모든 악한 영은 지옥의 깊은 무저갱에 갇힙니다. 그리고 7년 혼인 잔치에 참석한 성도들은 주님과 함께 이 땅에 내려와 천 년 동안 왕 노릇 하지요.

구원받은 사람이 모두 천년왕국에 들어가는 것은 아닙니다. 7년 환난 때 이 땅에 남았다가 순교하여 구원받은 사람 중에는 천년왕국에 들어가지 못하는 사람도 있습니다. 쭉정이와 같이 신앙생활을 바로 하지 못하여 7년 환난에 떨어졌다가 구원받았기 때문입니다. 그들은 백보좌 대심판 때까지 별도의 공간에서 대기하다가 대심판 후 낙원의 가장자리에 들어갑니다.

7년 환난 때에 구원받는 사람 중에 천년왕국에 참여하는 경우도 있는데, 바로 7년 환난 전에는 주님을 알지 못했던 사람들입니다. 곧 요한계시록에 나오는 14만 4천 명의 전도자들과 7년 환난 중 그들의 전도를 통해 구원받은 사람들로서 이들은 이전에 휴거되었던 성도들과 더불어 천년왕국에 들어갑니다(요한계시록 강해 참조).

"이 첫째 부활에 참예하는 자들은 복이 있고 거룩하도다
둘째 사망이 그들을 다스리는 권세가 없고
도리어 그들이 하나님과 그리스도의 제사장이 되어
천 년 동안 그리스도로 더불어 왕 노릇 하리라"(계 20:6)

이때 7년 대환난을 당한 사람 중에 666표를 받지 않고 살아남은 극소수의 사람도 천년왕국에 들어갑니다.

악한 영들이 없는 아름답고 평화로운 천년왕국

천년왕국이 되면 악한 영들이 없으니 마치 에덴동산에 있을 때처럼 평안한 환경 속에서 안식의 삶을 누립니다. 주님과 구원받은 영의 사람들은 땅에 있기는 하지만 7년 환난에서 살아남은 육의 사람들과

함께 사는 것이 아니라 왕들의 성과 같이 구별된 곳에서 삽니다.

천년왕국 때에 주님께서는 지구의 오염된 공기를 정화하며 산천초목을 새롭게 하고 아름다운 환경을 조성하십니다. 이때에는 공기가 깨끗하고 악한 영들이 무저갱에 갇혀 있기 때문에 죽음이나 질병, 죄악이 없습니다. 죽음이 없는 반면 천 년 동안에 끊임없이 사람이 태어나니 어느새 지구는 다시 많은 사람으로 채워집니다. 천년왕국에는 살생 자체가 없기 때문에 육의 사람들도 고기를 먹지 않고 과일류만 먹습니다.

주님과 함께 지상에서 살아가는 영의 사람들은 이미 부활체 몸으로 영생하는 존재가 되었기 때문에 굳이 육의 사람들처럼 음식을 먹을 필요가 없습니다. 주로 아름다운 꽃의 향기 등을 맡으며 살아가는데 혹 육의 사람들과 함께할 때에는 그들과 같은 음식을 먹을 수도 있습니다.

하지만 육의 음식에서는 맛을 별로 느끼지 못하며, 먹는다 해도 육의 사람들처럼 배설하지 않습니다. 부활한 주님께서 생선을 드신 후 호흡한 것처럼, 영의 사람들은 육의 음식을 먹은 후 호흡을 통해 이를 공중으로 분해합니다.

또한 육의 사람들에게 예수 그리스도를 증거함으로써 앞으로 천 년이 다한 뒤 악한 영들이 무저갱에서 잠시 놓일 때에 미혹되지 않도록 열심히 가르칩니다. 아직은 하나님의 심판이 임하기 전으로, 악한 영들을 무저갱에 영원히 가두어 놓은 것이 아닙니다. 주님께서 지상에 있는 천 년 동안만 결박하여 가두어 놓은 것입니다(계 20:2~3).

천 년이 차면 악한 영들이 풀려나 육의 사람들을 미혹해

마침내 천 년이 차면 무저갱에 갇힌 악한 영들이 잠시 놓이는데, 이때부터 평안히 있던 육의 사람들을 미혹합니다. 영의 사람들은 천 년 동안 육의 사람들과 함께하면서 장차 악한 영들이 풀려나도 미혹 당하지 말라고 알려 줍니다. 그런데도 육의 사람들은 사단에게 미혹 되어 성도들을 대적하여 전쟁을 벌이려고 합니다.

"천 년이 차매 사단이 그 옥에서 놓여 나와서

땅의 사방 백성 곧 곡과 마곡을 미혹하고 모아

싸움을 붙이리니 그 수가 바다 모래 같으리라

저희가 지면에 널리 퍼져

성도들의 진과 사랑하시는 성을 두르매

하늘에서 불이 내려와 저희를 소멸하고"(계 20:7~9)

하나님께서는 미혹되어 전쟁을 일으킨 육의 사람들을 불로 소멸하고 잠시 놓인 악한 영들도 백보좌 대심판을 통하여 영원토록 무저갱에 던져 넣으십니다. 천년왕국에서 번성한 육의 사람들도 결국 하나님의 공의 가운데 심판받습니다. 그리하여 이미 죽어 아랫음부에 있던 사람들과 7년 대환난 중에 살아남았다 해도 결국 구원받지 못한 사람들은 영원히 지옥으로 던져집니다.

5. 아름다운 주님의 신부가 되려면

7년 대환난에 떨어지지 않으려면 주님의 아름다운 신부가 되어 공중 강림하는 주님을 신랑으로 맞이할 수 있어야 합니다. 마태복음 25장 1~13절을 보면 열 처녀의 비유가 나오는데 신앙생활을 하는 사람들에게 큰 교훈이 됩니다. 아무리 믿는다고 하지만 기름 준비를 못하면 신랑 되신 주님을 맞이할 수 없기 때문입니다.

열 처녀 중에서 기름을 준비한 슬기 있는 다섯 처녀는 깨어 있다가 신랑을 맞이하고 혼인 잔치에 들어갔지만 미련한 다섯 처녀는 그렇지 못했습니다. 그러면 어떻게 해야 슬기 있는 다섯 처녀와 같이 아름다운 주님의 신부가 되어 7년 혼인 잔치에 들어갈 수 있을까요?

기도를 쉬지 말고 깨어 있어야

비록 초신자이고 믿음이 연약한 사람이라도 자기 수준에서 최선을 다해 마음의 할례를 하면 불같은 시험 속에서도 하나님께서 지켜 주십니다. 아무리 어려운 상황에서도 능히 시험을 이겨낼 수 있게 하시는 것입니다.

그러나 신앙생활을 오래 했다거나 직분이 있고 말씀을 많이 아는 사람이라도 기도를 쉬고 중심에서 성결을 사모하며 달려가지 않으면 하나님께서 지켜 주시지 않습니다. 또한 어려움을 만날 때에는 성령의 음성을 분별해야 승리할 수 있는데 기도하지 않는다면 어떻게 그 음성을 듣겠습니까? 성령 충만함이 떨어지니 육신의 생각을 동원하며 사단의 역사를 받아 결국 시험에 넘어지고 마는 것입니다.

그러면 기름 준비를 잘하고 깨어 있는 사람이란 어떤 사람일까요? 항상 기도하고 성령 충만하며 말씀을 믿고 그 안에 사는 사람입니다. 이렇게 깨어 있으면 늘 하나님과 교통하므로 악한 영들에게 미혹되지 않고 어떠한 시험이 온다 하더라도 능히 이길 수 있습니다. 이는 보혜사 성령께서 미리 알려 주시고 앞길을 친히 인도하며 진리의 말씀으로 깨우쳐 주기 때문이지요.

우리가 얼마나 깨어 있는지 알 수 있는 기준은 성결입니다. 요한계시록 22장 14절을 보면 "그 두루마기를 빠는 자들은 복이 있으니 이는 저희가 생명나무에 나아가며 문들을 통하여 성에 들어갈 권세를 얻으려 함이로다" 말씀하셨습니다. 두루마기는 예복을 말하며 영적으로 우리 마음과 행실을 말합니다. 두루마기를 빤다는 것은 죄를 버리고 열심히 말씀을 좇아 나감으로써 주님의 마음을 닮아가는 것입니다. 이렇게 성결해 가는 사람은 천국에 들어가는 문을 통과할 권세를 얻어 영생복락을 누립니다.

두루마기를 빠는 자는 흰옷을 입으며

그러면 어떻게 해야 두루마기를 깨끗이 빨 수 있을까요? 진리의 말씀과 불같은 기도로써 마음의 할례를 해야 합니다. 곧 비진리의 마음을 버리고 진리의 마음으로 온전히 일구어야 하지요. 만약 오물이 옷에 묻어 있다면 즉시 깨끗한 물로 씻어내지 않겠습니까? 마찬가지로 내 안에 더럽고 추한 죄와 불법과 악이 있다면 영생수인 하나님 말씀으로 열심히 씻고 진리의 옷을 입어 주님의 마음을 닮아야 합니다. 바로 이렇게 행함 있는 믿음으로써 마음에 할례한 사람에게 하나님의 축복이 임하는 것입니다.

요한계시록 3장 5절에 "이기는 자는 이와 같이 흰옷을 입을 것이요 내가 그 이름을 생명책에서 반드시 흐리지 아니하고 그 이름을 내 아버지 앞과 그 천사들 앞에서 시인하리라" 말씀하셨습니다. 곧 믿음으로 세상을 이기는 사람은 악이 없는 진리의 마음을 가졌으므로 천국에서 영생을 누립니다.

기도를 쉬고 마음의 할례를 멈추면 사단의 역사를 받아 시험에 넘어지지만, 깨어 신앙생활을 하면서 마음의 악을 버리고 모든 것을 믿음으로 이기면 아름다운 주님의 신부가 될 수 있습니다. 우리는 단지 구원받는 데에 그치는 것이 아니라 신랑 되신 주님을 맞이할 소망 가운데 더욱 신부 단장에 힘써야 하겠습니다.

8장

백보좌 대심판 이후 지옥에 떨어진 영혼들이 받는 형벌은?

거기는 구더기도 죽지 않고
불도 꺼지지 아니하느니라
사람마다 불로써 소금 치듯 함을 받으리라
마가복음 9:48~49

또 저희를 미혹하는 마귀가 불과 유황 못에 던지우니
거기는 그 짐승과 거짓 선지자도 있어
세세토록 밤낮 괴로움을 받으리라
요한계시록 20:10

주님이 지상에 재림하면 이 땅에는 천년왕국이 도래하고 그 후에는 백보좌 대심판이 있어 각 사람의 행위에 따라 천국과 지옥, 상과 벌이 결정됩니다. 천국에서 영원한 행복을 누리는 영혼이 있는가 하면, 지옥에서 영원한 형벌을 받는 영혼도 있습니다.

그러면 천국과 지옥이 결정되는 백보좌 대심판이란 무엇이며 지옥은 구체적으로 어떠한 곳일까요?

1. 백보좌 대심판 이후 지옥에 떨어지는 영혼들

백보좌 대심판 장면은 이렇습니다. 재판장이신 성부 하나님께서 재판을 하시는데, 주님과 성령님이 사람의 입장에서 그 판결이 합당함을 보장하십니다. 주님은 육신을 입고 이 땅에 오셔서 사람이 겪는 모든 것을 체험하셨고, 성령님은 사람의 마음을 잘 아시기 때문입니다.

또한 하나님 앞에 인정받은 엘리야, 에녹, 아브라함, 모세 선지자가 대심판을 보좌하지요. 죽음을 보지 않고 들림받은 엘리야와 에녹은 인간 경작 최고의 열매라는 자체만으로도 심판의 기준이 되며 아브라함은 믿음의 측면에서, 모세는 율법의 측면에서 심판받는 영혼이 얼마나 하나님 말씀을 준행하였는지 보충 설명을 하여 대심판을 돕습니다.

이 외에 대심판을 돕는 배심원들이 있습니다. 바로 요한계시록

5장 8절에 나오는 24장로로서 그들은 하나님의 판결을 보장하는 역할을 합니다. 예를 들어, 하나님 앞에 뜨겁게 충성한 사람이 심판대 앞에 서면 24장로 중에 열정적으로 충성한 사도 바울에 비추어 심판하는 것입니다. 그 충성이 얼마나 값지고 존귀한 것인지 측정한 결과에 따라 상급을 줍니다. 반대로, "나는 심한 핍박 때문에 믿음을 지킬 수 없었어요."라고 변명하는 사람에 대해서는 극심한 핍박 가운데 신실하게 믿음을 지킨 베드로나 다니엘이 증언합니다. 하나님은 온전하고 정확하시지만 네 명의 선지자 외에 배심원까지 두는 것은 영혼을 심판하는 데 더욱 신중을 기하기 위해서입니다.

요한계시록 20장 11~15절을 보면 심판이 어떻게 이루어지는지 잘 알 수 있습니다. 구원받은 영혼들의 이름이 기록된 생명책과 각 사람의 행위가 기록된 책들에 의해 심판이 이루어집니다.

"또 내가 크고 흰 보좌와 그 위에 앉으신 자를 보니

땅과 하늘이 그 앞에서 피하여 간데없더라

또 내가 보니 죽은 자들이 무론대소하고

그 보좌 앞에 섰는데 책들이 펴 있고

또 다른 책이 펴졌으니 곧 생명책이라

죽은 자들이 자기 행위를 따라

책들에 기록된 대로 심판을 받으니

바다가 그 가운데서 죽은 자들을 내어 주고

또 사망과 음부도 그 가운데서 죽은 자들을 내어 주매

각 사람이 자기의 행위대로 심판을 받고

사망과 음부도 불못에 던지우니

이것은 둘째 사망 곧 불못이라

누구든지 생명책에 기록되지 못한 자는

불못에 던지우더라"

여기서 '죽은 자'란 예수 그리스도를 영접하지 않은 사람이나 죽은 믿음을 가진 사람을 의미합니다. 때가 되면 이들이 심판받기 위해 하나님 보좌 앞에 서는데 그 앞에는 생명책이 펴져 있습니다. 구원받은 사람들의 이름이 기록된 생명책 외에도 죽은 자들의 행함이 낱낱이 기록된 책들이 있습니다. 사람이 이 땅에 태어난 순간부터 주님께서 영혼을 부르실 때까지의 모든 행함이 천사들의 손에 의해 기록되어 있습니다. 예를 들면, 누구를 욕하거나 때린 것, 혈기 부린 것, 선을 행한 것 등이지요.

우리가 비디오 촬영이나 녹음을 통해서 어떤 상황이나 대화 내용을 오랫동안 보관할 수 있듯이 하늘나라에도 모든 장면이 보관되어 있습니다. 하나님께서 공의 가운데 책에 기록된 대로 최후의 심판을 하시고 결국 구원받지 못한 영혼들은 죄의 경중에 따라 지옥에서 영원한 형벌을 받습니다.

불못이나 유황못에 떨어져 행한 대로 형벌 받아

"바다가 그 가운데서 죽은 자들을 내어 주고"라는 말씀은 바다에 빠져 죽은 사람을 내준다는 뜻이 아닙니다. 바다는 영적으로 '세상'을 뜻합니다. 이 땅에 살다가 죽은 사람의 몸은 흙으로 돌아가는데, 대심판 때가 되면 땅이 구원받지 못하고 죽은 영혼들의 몸을 다시 내준다는 것이지요.

그러면 "사망과 음부도 그 가운데서 죽은 자들을 내어 준다"는 말씀은 무슨 의미일까요? 이는 죄 때문에 영생을 얻지 못하고 영원한 사망 가운데 있을 사람들, 즉 아랫음부에서 고통받던 사람들도 심판을 받기 위해 하나님 앞에 선다는 것입니다.

아랫음부에서 고통받던 영혼들은 대부분 하나님 보좌 앞에서 심판받은 후 각각의 죄과에 따라 불못 또는 유황못에 던져집니다. 앞서 말씀드렸듯이 아랫음부에서의 형벌은 백보좌 대심판 이전까지만 받는 것이기 때문입니다.

"그러나 두려워하는 자들과

믿지 아니하는 자들과

흉악한 자들과 살인자들과

행음자들과 술객들과

우상숭배자들과 모든 거짓말하는 자들은

불과 유황으로 타는 못에 참예하리니

불못은 아랫음부에서 받던 형벌과는 비교도 되지 않을 만큼 엄청난 고통을 받는 장소입니다. 구더기도 죽지 않으며 영원히 꺼지지 않는 불 속에서 사람마다 소금 치듯 고통을 받아야 합니다(막 9:47~49). 또한 유황못은 불못보다 일곱 배나 더 뜨거운 고통의 장소입니다.

백보좌 대심판이 있기 전까지는 영혼들이 임시로 머무는 아랫음부에서 제각기 죄과에 따라 벌레나 짐승에게 찢기고 혹은 지옥사자들에게 고문당하는 등 여러 형태의 형벌을 받지만 심판 후에는 오직 불과 유황못의 고통만 있을 뿐입니다.

불못과 유황못에서는 아랫음부에서 받는 형벌이 무색하리만큼 고통이 심합니다. 지금으로서는 아무리 상상하고 이해하려 해도 영의 일들을 이해하는 데에 한계가 있습니다. 지옥의 고통을 직접 겪어 보지 않고서는 불가능한 일이지요.

1, 2단계는 불못으로 3, 4단계는 유황못으로

지옥은 이 땅의 언어로는 백만분의 일도 다 표현할 수 없는 참혹한 형벌의 장소입니다. 더구나 그 고통의 끝이 정해져 있는 것이 아닙니다. 영혼들은 현재의 고통도 견딜 수 없지만 다시 헤어날 길이 없다는 끔찍한 절망감에 더욱 큰 고통을 겪습니다. 아랫음부에서 1단계와 2단계 형벌을 받던 영혼들은 백보좌 대심판 뒤 불못으로 던져지고,

3단계와 4단계의 형벌을 받던 영혼들은 유황못으로 던져집니다.

아랫음부에서 형벌을 받는 영혼들은 백보좌 대심판을 받기 전이라 해도 자신들이 심판 뒤에 어디로 갈지 잘 알고 있습니다. 벌레에 물어뜯기고 지옥사자에게 찢기는 형벌을 받는 중에도 저 멀리서 타오르는 불못과 유황못을 보며 앞으로 거기에서 받을 고통이 어떠한지 아는 것입니다. 그래서 현재 당하는 고통은 물론, 대심판 후에 받을 형벌에 대한 두려움 때문에 정신적인 고통이 가중됩니다.

2. 지옥의 불못과 유황못의 형벌

일단 아랫음부에 떨어지면 아무리 용서를 구하고 매달려도 참혹한 형벌 외에는 선택할 길이 없고 앞날에 대한 실낱같은 소망도 없습니다. 오직 끝이 보이지 않는 고통과 절망뿐입니다. 아랫음부에서 고통받는 영혼들은 회개한다 해도 참된 것이 아닙니다. 마음의 악을 버리지 않았으므로, 잠시 애원하다가 소용이 없음을 깨달으면 다시 악이 나오고 욕을 하며 저주합니다.

아랫음부에 있을 때에는 그나마 애원이나 원망도 해 보고 "내가 왜 이곳에 왔는가…." 탄식할 수도 있습니다. 불못에 대해 두려워하기도 하고 '저 지옥사자로부터 어떻게 벗어날 수 있을까?' 궁리도 해 봅니다. 그러나 불못에 들어온 다음에는 엄청난 고통에 짓눌려 아무런 생각도 할 수 없습니다. 아랫음부에서의 형벌은 대심판 후 불못과 유황못에서 받을 형벌에 비하면 그만큼 가볍습니다.

불못과 유황못에 던져지면 그때에는 참으로 상상하기 어려운 고통이 따릅니다. 프라이팬을 뜨겁게 달군 후 소금을 넣으면 소금이 탁탁 튀어 오릅니다. 바로 불못에서 고통받는 영혼의 모습이 그와 같습니다.

지옥의 불못은 우리의 상상을 초월할 정도로 뜨거우며, 유황못은 불못보다 일곱 배나 더 뜨겁습니다. 그곳에서 영원히 나오지 못하고 끊임없이 고통받아야 합니다. 그러면 하나님께서는 왜 처음부터 그들을 불못, 유황못에 두지 않고 심판 날까지 아랫음부에서 고통받게 하시는 것일까요?

구원받지 못한 영혼들은 아랫음부에서 온갖 고통을 받으면서 자신을 돌아봅니다. 하나님께서는 이를 통해 그들이 왜 이처럼 고통스러운 지옥에 왔는지 자신의 죄를 깨닫게 하시지요. 그러나 지옥에 떨어진 사람들이 죄를 회개하는 경우는 극히 드물며 더 악이 나옵니다. 이것이 하나님께서 지옥을 두실 수밖에 없는 이유입니다.

구더기도 타 죽지 않는 불못에서 소금 치듯

끝이 보이지 않는 불못은 어느 곳이나 뜨겁습니다. 시간이 지난다 해서 온도가 변하지도 않으며 영원히 꺼지지도 않습니다. 예수님께서 "거기는 구더기도 죽지 않고 불도 꺼지지 아니하느니라 사람마다 불로써 소금 치듯 함을 받으리라"(막 9:48~49)고 말씀하셨으니 그 고통이 어떠하겠습니까. 그곳에서는 그저 고통에 반사적으로 펄쩍펄쩍 뛰며 비명을 지르고 이를 가는 것 외에는 아무런 생각과 행동을 할 수 없습니다.

이 땅에서 즐거움이나 쾌락을 위해 정신없이 몸을 흔들며 춤을 추던 사람도 시간이 지나면 쉬기를 원합니다. 하지만 지옥에서는 즐거워서가 아니라 고통으로 펄펄 뛰는데 그러면서도 결코 쉴 수 없습니다. 그 뜨거움 때문에 악을 쓰고 소리를 지르며 눈에는 핏줄이 터져 끔찍하게 핏발이 서 있습니다. 뿐만 아니라 뇌가 터져 뇌수가 흘러나옵니다. 어찌하든 불길을 벗어나기 위해 서로 짓밟고 밀쳐 보기도 하는데 벗어날 곳은 없습니다.

백보좌 대심판 전까지는 아랫음부의 모든 형벌이 루시퍼의 주관 하에 있지만 대심판 이후에는 하나님의 섭리 가운데 자동으로 운행됩니다. 이곳의 불은 영혼에게 고통만 줄 뿐 소멸시키지는 못합니다. 아랫음부에서 벌레가 뜯어먹어도 잠시 후 원래대로 회복되는 것처럼 이 불꽃 속에서도 피부와 조직이 타 버리고 나면 금세 원래대로 재생되지요.

뜨거운 불길 속에서 오장육부까지 불타고

만화에서 사람이 고압 전류에 감전되는 모습을 본 적이 있다면 이해하기 쉬울 것입니다. 감전되는 순간 검은 윤곽 속에 해골의 형태만 보이다가 감전이 풀리면 평소 모습으로 돌아옵니다. 혹은 엑스레이

불못의 뜨거움 때문에 영혼은 악을 쓰며 소리를 지르고 눈에는 핏줄이 터져 끔찍하게 핏발이 서 있다. 뿐만 아니라 뇌가 터져 뇌수가 흘러나오며 어찌하든 불길을 벗어나기 위해 서로 짓밟고 밀쳐 보지만 벗어날 곳은 없다.

를 찍으면 검은 배경에 몸속의 뼈와 주요 장기 일부만 하얗게 나타나는 것을 떠올려 보십시오. 이처럼 불못 가운데 있는 영혼은 육에 감싸져 있는 모습 그대로 보이다가 순간에 육이 불타면서 영혼만 보입니다. 그리고 조금 후에는 다시 육을 입은 모습으로 보이지요. 눈깜짝할 사이에 두 가지 모습이 번갈아 보입니다. 이렇게 순간적으로 몸이 불타서 사라졌다가 즉시 회복되고 다시 불타고 회복되기를 반복합니다.

일반적으로 화상을 입으면 화기가 금방 물러가지 않고 며칠 동안 계속됩니다. 화기가 몸속으로 들어가 세포를 상하게 하며 심한 경우엔 장기까지 손상시킵니다. 하물며 피부가 다 타서 사라지고 근육과 신경, 오장육부까지 모두 타 버리기를 반복하는 지옥불의 고통을 어떻게 표현할 수 있겠습니까? 불못의 영혼들은 진저리가 나지만 기절할 수도, 죽을 수도 없으며 한순간이나마 안식을 누릴 수도 없습니다.

여기서 '지옥에 떨어진 영혼에게도 육이 있는가?' 하는 의문이 생길 수 있습니다. 구원받은 영혼들의 경우, 주님께서 공중 강림하시면 휴거되어 올라가면서 순간 신령한 부활체로 바뀝니다. 썩지 않는 신령한 부활체의 몸이 되지요. 그리고 백보좌 대심판 후에는 천국에 적합한 온전한 영체로 변합니다. 반면 지옥에 떨어진 영혼들은 생명이 없기 때문에 부활하지 않습니다. 대신 백보좌 대심판 후에는 형벌의 고통을 고스란히 느낄 수 있는 육이 입혀집니다. 영원히 소멸되지 않는 육을 입지요. 그 전까지 아랫음부에서는 육을 입지 않은 영혼의 상태로 고문을 받습니다. 이 고통도 물론 크지만 불과 유황의 지옥에서는 육을 입은 상태로 형벌 받기 때문에 전혀 다른 차원의 극심한 고통을 받는 것입니다.

불못보다 일곱 배나 더 뜨거운 유황못

불못은 비교적 가벼운 죄를 지은 영혼, 곧 아랫음부에서 1단계와 2단계의 형벌을 받던 영혼이 들어가는 곳입니다. 더 중한 죄를 지어 3단계와 4단계의 형벌을 받던 영혼은 불못보다 일곱 배나 더 뜨거운 유황못에 들어갑니다.

앞서 말씀드렸듯이 성령 훼방, 모독, 거역했거나 주님을 현저히 십자가에 못 박은 사람, 배신한 사람, 짐짓 죄를 지은 사람, 극심한 우상 숭배를 하거나 양심에 화인 맞아 하나님을 심하게 대적한 사람들이 들어갑니다. 또한 자신은 하나님 말씀대로 살지 않으면서 거짓으로 가르친 선지자와 선생들도 유황못에 들어갑니다. 불못은 전체적으로 끝없이 붉은 불길이 펼쳐져 있는 반면, 유황못은 누런 색에 가깝고 여기저기서 커다란 기포가 부글부글 끓어오릅니다. 이곳의 영혼들은 펄펄 끓는 유황못에 잠겨 있습니다.

만일 펄펄 끓는 용광로의 쇳물을 살아 있는 사람에게 마시게 한다면 고통이 어떠하겠습니까? 단단한 쇠조차 녹여 버리는 열기에 입과 목구멍, 장기가 그대로 타 들어갈 것입니다. 그나마 불못에서는 펄쩍펄쩍 뛰기도 하고 소리라도 지를 수 있습니다. 그러나 유황못에

펄펄 끓는 용광로의 쇳물을 마신다고 상상해 보라. 단단한 쇠조차 녹여 버리는 열기에 입과 목구멍, 장기가 그대로 타 들어 갈 것이다. 그나마 불못에서는 펄쩍펄쩍 뛰기도 하지만 그보다 일곱 배 뜨거운 유황못에서는 아무 생각조차 할 수 없이 그저 고통에 짓눌려 있을 뿐이다.

서는 신음은커녕 아무 생각조차 할 수 없이 그저 고통에 짓눌려 있을 뿐입니다.

뜨거운 고통, 두려움, 끔찍함, 진저리나는 상황 등 어떤 말과 몸짓으로도 그들이 느끼는 고통을 표현할 수는 없습니다. 더구나 천 년, 만 년도 아닌 세세토록 형벌을 받는 이들의 심정을 무엇으로 표현할 수 있겠습니까?

3. 백보좌 대심판 후에도 아랫음부에 남아 있는 영혼들

그런데 아랫음부에서 고통받는 영혼 가운데 백보좌 대심판 뒤에도 불못이나 유황못에 던져지지 않는 경우가 있습니다. 구원받지 못한 영혼 중에서 잉태된 지 6개월 이후 낙태된 영혼부터 사춘기 이전, 약 열두 살 정도까지의 어린 나이에 죽은 영혼은 불못과 유황못에 들어가지 않습니다.

이들은 악하여 양심 심판에 따라 아랫음부로 오기는 했지만, 아직은 완전히 독립적인 의지로 자기 신앙을 선택한 것이 아니기 때문입니다. 즉 자신의 의지보다는 부모와 조상, 주위 환경 등 외적인 요소의 영향을 많이 받았지요. 이런 사실을 참작하여 백보좌 대심판 뒤에도 불못과 유황못에는 들어가지 않도록 하신 것입니다. 그렇다 해서 형벌이 끝나는 것이 아니며 아랫음부에서 받던 형벌을 그대로 받습니다.

이들 외에는 아랫음부에 있던 모든 영혼이 자신의 죄과에 따라 불못이나 유황못으로 던져집니다. 로마서 6장 23절에 "죄의 삯은 사망"이라 말씀하셨기 때문입니다. 여기서 사망이란, 요한계시록 21장 8절에 기록된 대로 이 땅의 삶이 끝나는 육의 사망이 아니라 영원한 지옥에서 불과 유황불의 형벌을 받는 둘째 사망을 말합니다. 끔찍하고 진저리가 나는 영원한 형벌의 고통은 바로 죄의 대가입니다. 예수님께서 손이나 발, 눈으로 범죄하면 그 손발을 자르거나 눈을 빼 버리고라도 천국에 들어가는 것이 낫다고 하신 이유가 여기에 있습니다(막 9:43~47).

그러나 값없이 주신 은혜로 우리는 손발을 자르지 않고 눈을 빼지 않아도 천국에 이를 수 있습니다. 우리를 대신하여 죄와 허물이 전혀 없는 예수님이 나무 십자가에 달려 죽으심으로 죄를 대속했기 때문입니다. 그런데 믿는다면서도 여전히 범죄하며 마귀에게 속하여 지옥 길을 가는 영혼을 볼 때에 주님께서 얼마나 애통하고 안타까우시겠습니까? 정녕 하나님께 속한 증거로서 계명을 지키며 빛 가운데 살아가기를 부탁드립니다.

4. 가장 깊은 지옥인 무저갱에 갇히는 악한 영들

무저갱은 사전적으로 '밑바닥이 없는 구덩이'라는 뜻입니다. 지옥에서도 가장 아래쪽에 있는 깊고 깊은 장소를 나타내는 표현입니다.

이곳은 오직 악한 영들을 심판하기 위해 예비된 곳이지요.

> "또 내가 보매 천사가 무저갱 열쇠와 큰 쇠사슬을
>
> 그 손에 가지고 하늘로서 내려와서
>
> 용을 잡으니 곧 옛 뱀이요 마귀요 사단이라
>
> 잡아 일천 년 동안 결박하여 무저갱에 던져 잠그고
>
> 그 위에 인봉하여 천 년이 차도록
>
> 다시는 만국을 미혹하지 못하게 하였다가
>
> 그 후에는 반드시 잠깐 놓이리라"(계 20:1~3)

이는 7년 환난이 끝날 때의 상황을 말합니다. 7년 환난 동안 이 땅에서는 악한 영이 완전히 권세를 잡고 휘두르므로 세계가 제3차 대전에 휩쓸리는 등 마치 지옥 같은 참상이 벌어집니다. 그리고 7년 환난 후에는 천년왕국이 도래하는데, 이때에 악한 영들은 무저갱에 갇힌 뒤 천년왕국이 끝날 때쯤 잠시 놓이지요. 그 후에 백보좌 대심판이 끝나면 다시 무저갱으로 들어가 영원히 풀려날 수 없습니다.

그런데 왜 악한 영들은 사람의 영혼과 달리 무저갱에 갇힐까요? 그 이유를 이해하려면 먼저 악한 영들은 인간 경작을 위한 도구에 불과하다는 사실을 알아야 합니다. 하나님께서는 사랑을 주고받을 존재로 사람을 지으셨습니다. 사람에게는 자유 의지가 있어서 선 또는 악을 택할 수 있습니다. 하나님 편에서는 충분한 사랑을 주시지만 사람 편에서 하나님을 사랑할 수도 있고 사랑하지 않을 수도 있지요. 이렇게 자유 의지가 있는 대신에 경작받는 동안에 자신이 택한 것에 대한 결과를 책임져야 합니다. 자기 의지와 감정에 따라 악을 택한 사람들은 '죄의 삯은 사망'이라는 법칙에 따라 사망을 당해야 하지요. 또한 심은 대로 거두게 되는 영계의 법칙대로 아랫음부의 고통과 불못 또는 유황못의 고통을 받아야만 합니다.

반면에 천사나 그룹들은 '부리는 영'으로 지어진 존재들입니다. 하나님의 명령에 따라 움직이는 로봇 같은 존재들입니다. 귀신을 제외하고 악한 영들은 모두 본래 이런 천사나 그룹이었습니다. 따라서 악한 영들은 경작의 결과로 주어지는 상이나 벌과는 전혀 상관이 없습니다. 악한 영들은 경작을 위해 사용된 도구에 불과하지요. 이는 마치 사람이 어떤 일을 할 때 필요한 기계를 만들어서 도구로 사용하는 것과 같습니다. 그러므로 심판 후에도 이들은 무슨 고문을 당한다거나 뜨거운 불 속에서 형벌을 받는 것이 아닙니다. 마치 쓰레기처럼 버려질 뿐이지요. 물론 이렇게 버려지는 것이 전혀 의미가 없는 것은 아닙니다. 이렇게 버려지는 자체가 악한 영들에게는 큰 형벌이 됩니다.

쓰레기처럼 버려진 채 갇혀 있는 악한 영들

아랫음부의 영혼은 자기 의지와 감정에 따라 악을 선택했기 때문에 "죄의 삯은 사망, 심은 대로 거두리라"는 영계의 법칙에 따라 불못 또는 유황못에서 고통받습니다. 그러나 귀신을 제외한 악한 영은 경작과는 상관이 없습니다. 다만 대심판 뒤에도 어둡고 차가운 무저갱 속에 쓰레기처럼 버려진 채 갇히지요. 이것이 그들에게 가장 큰 형벌입니다.

하나님 보좌가 천국 중앙의 가장 높은 곳에 있듯이 악한 영들이 갇히는 무저갱은 지옥에서 가장 깊은 곳입니다. 악한 영은 이 어둡고 침침하며 차가운 느낌의 감옥 안에서 꼼짝달싹할 수 없도록 짓눌려 갇혀 있습니다. 큰 바위로 짓눌러 버린 것 같은 상태가 세세토록 계속되지요.

이들은 한때 하늘에 속한 존재로서 영광스런 사명을 갖고 있었으며 타락한 뒤에도 나름대로 악의 세계에서 권세를 누렸습니다. 그러나 모든 것이 끝나 버렸기 때문에 존재 가치와 의미가 다 상실됩니다. 타락한 천사들은 그들이 받는 저주와 치욕의 상징으로 날개가 뜯겨진 채 버려집니다. 물론 영적인 존재이므로 죽지 않고 소멸되지도 않습니다. 살아 있기는 하지만 아무 능력이 없고 자기 의지로 손끝 하나 움직일 수 없습니다. 마치 전원이 나가 작동이 중지된 기계나 버려진 인형과 같고, 어떻게 보면 얼어붙은 것과 같습니다.

이 중에도 예외가 있습니다. 백보좌 대심판 뒤에도 사춘기 이전까지의 어린 영혼은 아랫음부에 남아 예전과 같은 형벌을 그대로 받습니다. 따라서 그것을 주관하는 지옥사자가 필요하지요.

이들의 형벌을 주관하는 지옥사자는 무저갱으로 떨어지지 않고 여전히 아랫음부에 남아 있는데, 그들은 마치 로봇과 같은 모습입니다. 심판 전에는 영혼을 고문하면서 웃고 재미있게 구경하기도 했지만 지옥사자에게 감정이 있어서 그런 것이 아닙니다. 단순히 인성(人性)을 받은 루시퍼의 마음에 따라 조종받아 그런 감정을 나타낸 것입니다. 그러나 대심판 뒤에는 더 이상 루시퍼의 조종을 받는 것이 아니므로 어떤 감정이나 의지도 없이 다만 형벌을 주는 기계와 같이 사명을 감당합니다.

5. 귀신들은 결국 어디에 있게 될까?

귀신은 타락한 천사나 용과 그의 사자들처럼 하나님께서 창세 이전에 만든 영물에 속한 존재는 아닙니다. 우리와 같은 사람이었으며, 구원받지 못하고 죽은 영혼 중 일부가 특별한 조건 하에 세상에 나온 경우이지요. 그러면 어떤 경우에 귀신이 되는 것일까요?

첫째, 자기 영혼을 사단에게 팔아 버린 경우입니다.

부귀영화에 대한 탐심이나 자신의 욕망을 채우기 위해 사술에 접하고 악한 영의 힘을 빌려 쓰는 무당 같은 경우입니다. 바로 이런 사람들이 죽으면 귀신이 될 수 있습니다.

둘째, 자신의 악으로 인해 자살한 경우입니다.

사업에 실패하거나 기타 이유로 하나님의 주권을 멸시하고 스스로 귀한 생명을 끊어 버린 경우입니다. 이는 나라를 위해 또는 누군가를 대신하여 희생하는 경우와는 다릅니다. 물에 빠진 사람을 건지기 위해 자기 생명을 돌아보지 않고 뛰어들었다가 죽었다면 이는 선한 경우이지요. 또 전쟁터에서 적에게 생포된 장수가 스스로 명예롭게 죽으라는 명에 따라 목숨을 끊은 경우 자살이라 할 수 없습니다.

구원받은 사람이 윗음부의 대기 장소에 있다가 낙원으로 옮겨지는 것과 같이 자살한 사람은 아랫음부의 대기 장소에 가서 자살 여부를 판단받아 이 땅에 귀신으로 나옵니다. 이처럼 자살한 경우에 귀신이 되는데 앞서 말씀드린 가룟 유다는 예외입니다. 그는 귀신이 되지 않고 이미 아랫음부에 떨어져 형벌을 받고 있습니다. 그 이유는 무엇일까요?

너무나 큰 죄를 지은 가룟 유다에게는 귀신이 되어 이 땅을 떠도는 것조차 허락되지 않았기 때문입니다. 물론 귀신이 되어 이 땅을 떠도는 것도 매우 중한 형벌입니다. 육의 몸을 벗은 영혼이 육의 공간에 머물러 있으면 그 자체로 견디기 힘든 고통을 받지요. 차라리 형벌을 받더라도 아랫음부에 있는 것이 낫다고 느낄 정도로 괴로워합니다. 그런데 가룟 유다가 아랫음부 4단계에서 받고 있는 형벌의 고통은 귀신이 받는 고통을 초월합니다. 따라서 가룟 유다가 귀신이 되지 않았다고 해도 그가 받는 형벌의 고통이 매우 크기 때문에 자살한 죄에 대한 값을 충분히 치르게 됩니다.

또한 가룟 유다가 자살했음에도 불구하고 이렇게 예외적으로 아랫음부에 떨어진 데에는 특별한 이유가 있습니다. 그는 바로 '아랫음부

4단계의 주인'과 같은 인물로 세워진 것이지요. 여기서 '주인'이란 '소유자' 또는 '통치자' 의 개념이 아니라 '대표격 인물'이라는 것입니다. 가룟 유다는 아랫음부 4단계 형벌을 받는 무리의 맨 앞에 세워져 끊임없이 형벌을 받습니다. 그래서 아랫음부의 형벌에 대해 아는 사람들은 '가룟 유다' 하면 '아랫음부 4단계 형벌'이 떠오릅니다. 이처럼 그는 후세 사람들이 그의 길을 답습하지 않도록 마치 아랫음부 4단계의 간판과 같이 세워진 것입니다.

셋째, 한때 믿음이 있었던 사람이 하나님을 부인하여 믿음을 팔아버린 경우입니다.

하나님을 믿다가 어떤 큰 시험을 당한 후 하나님을 원망하고 대적하는 사람들이 있습니다. 진화론의 제창자 다윈 같은 경우입니다. 그는 원래 하나님을 믿는 사람이었지만 사랑하는 딸이 죽자 하나님을 부인하고 진화론을 주장하기에 이르렀지요. 이는 자기를 구원하신 주님을 다시 십자가에 못 박은 것과 같으므로(히 6:6) 이런 사람이 죽은 뒤에는 귀신이 될 수 있습니다. 여기서 될 수 있다고 하는 것은 귀신이 되는 경우도 있고 그렇지 않는 경우도 있기 때문입니다.

넷째, 하나님을 믿고 진리를 배워 아는 사람이 성령을 훼방, 거역, 모독한 경우입니다(마 12:31~32 ; 눅 12:10).

오늘날 믿는다는 사람 가운데 성령을 훼방하고 모욕하며 거역하는 사람이 많습니다. 하나님만이 할 수 있는 역사를 보면서 자기 악함 때문에 판단 정죄하며 교회를 훼파하려 하지요. 더구나 말씀을 가르치는 위치에 있는 사람이 그럴 경우 더 큰 죄가 됩니다. 이런 죄인들이 죽으면 아랫음부에 떨어져 3단계나 4단계의 무거운 형벌을 받지만 일부는 귀신으로 세상에 다시 나올 수 있습니다. 자세한 것은 「악한 영의 세계」 설교를 참조하시기 바랍니다.

루시퍼의 뜻에 따라 마귀의 조종을 받는 귀신들

백보좌 대심판이 있기 전에는 루시퍼가 아랫음부나 어둠의 세계를 주관하는 권세를 가지고 있습니다. 루시퍼는 아랫음부에 떨어진 영혼 중 자기가 부리기에 적합한 영혼을 택하여 귀신으로 사용합니다. 일단 루시퍼에게 선택되어 세상에 나오면 이들은 세상에서 살던 때와 달리 자기 의지나 감정에 따라 움직이는 것이 아닙니다. 전적으로 루시퍼의 뜻에 따라 마귀의 조종을 받으며 악한 영의 세계를 이루어 가는 도구로 쓰입니다.

영계의 법칙 속에 허락된 사람에게 들어가서 그 영혼을 사로잡아 지옥으로 이끌며, 때로는 그들을 불구가 되게 하거나 질병을 가져다 주기도 합니다. 물론 불구가 되거나 질병을 앓는 것이 다 귀신의 역사는 아니지만 일부 그런 경우가 있습니다. 성경을 보면 귀신 들려 벙어리 된 자도 있으며(막 9:17), 18년 동안 귀신 들려 앓으면서 꼬부라져 조금도 펴지 못하는 여자도 있습니다(눅 13:11).

귀신은 루시퍼의 조종에 따라 악한 영의 세계에서 가장 밑단계의 사명을 감당하지만 이들이 심판 후에 갈 곳은 무저갱이 아닙니다. 이들은 원래 사람이었기 때문에 아랫음부에서 3단계나 4단계의 형벌 받던 영혼과 같이 최후의 심판 뒤에는 유황못으로 떨어집니다.

무저갱을 두려워하는 악한 영

누가복음 8장을 보면 예수님께서 귀신 들린 사람을 만나는 장면이 나옵니다. 예수님께서 귀신을 향해 그 사람에게서 나오라고 하니 귀신은 "지극히 높으신 하나님의 아들 예수여 나와 당신과 무슨 상관이 있나이까 당신께 구하노니 나를 괴롭게 마옵소서" 하며, 무저갱으로 보내지 말아 달라고 간구합니다.

귀신이 들어갈 곳은 무저갱이 아니라 유황못인데 왜 여기서는 무저갱으로 보내지 말아 달라고 간구한 것일까요?

귀신은 자기 의지나 감정에 따라 움직이지 못합니다. 따라서 예수님 앞에 나와서 말하던 때에도 자기 입장에서 말한 것이 아니라 자기를 조종하는 악한 영의 마음을 나타낸 것입니다. 루시퍼를 비롯한 악한 영은 앞으로 인간 경작에 대한 하나님의 섭리가 끝날 때에 모든 권세와 능력을 잃고 무저갱에 갇힐 것을 알고 있습니다. 이에 대한 두려움이 귀신의 말을 통해 나온 것이지요.

귀신이 물과 불을 싫어하는 이유

개척할 당시의 일입니다. 교회 안에 성령의 역사가 강하게 나타나 소경이 눈을 뜨고 벙어리가 말을 하며 소아마비 환자가 걷고 귀신이 나가니 소문이 퍼져 전국에서 환자가 몰려왔습니다. 제가 귀신 들린 사람에게 직접 기도를 해 주었는데 귀신들은 영적 존재이기 때문에 이미 자기가 물러가야 한다는 것을 알고 이렇게 사정하는 경우도 있었습니다.

"나를 물이나 불로 보내지 말아 달라."

물론 귀신이 사정한다고 해서 그 말을 들어줄 수는 없지요. 성경을 보면 귀신이 물과 불을 싫어하는 것이 기록되어 있습니다. 제가 그 이유를 알고자 기도했을 때 물은 영적으로 생명이고, 영생수로서 바로 빛이신 '하나님 말씀'을 의미한다는 것을 알려 주셨습니다. 또한 불은 영적으로 '성령의 불'을 의미합니다. 따라서 어둠인 귀신이 물이나 불로 가면 견딜 수 없고 능력이 상실되는 것입니다.

마가복음 5장을 보면 예수님께서 더러운 군대 귀신에게 사람에게서 나오라고 하니 귀신이 돼지 떼에게 들여보내 달라고 간청합니다. 예수님께서 허락하시자 귀신은 돼지 떼에 들어갔고 2천 마리나 되는 돼지 떼가 바다로 들어가 몰사해 버립니다. 이는 예수님께서 귀신이 더 이상 역사하지 못하도록 물로 보내셨기 때문입니다. 그렇다고 귀신의 존재가 몰살되었다는 것이 아니라 그 능력을 상실해 버렸다는 의미입니다. 그래서 성경에 보면 귀신이 사람에게서 나갔을 때에 물이 없는 곳으로 다닌다고 기록되어 있습니다(마 12:43).

하나님의 자녀들은 이러한 영적 세계를 제대로 알아야 능력을 행할 수 있습니다. 귀신을 쫓아낼 때에도 밝히 알고 명하면 귀신도 두려워 떨지만 영적인 뜻도 모르고 무조건 "귀신아! 물로 나가라, 불로 나가라"고 하면 무서워하지 않습니다.

루시퍼와 악한 영들은 자기가 낸 어둠의 열매대로 장차 무저갱에 버려질 수밖에 없습니다. 이런 사실을 루시퍼도 알고 있으므로 어찌하든 무저갱에 들어가지 않으려고 지금도 발버둥치는 것입니다. 2천여 년 전, 예수님께서 태어난 것을 안 루시퍼는 자기 왕국을 세세토록 유지하기 위해 헤롯 왕을 통해 예수님을 죽이고자 했습니다. 그래서 사단의 사주를 받은 헤롯 왕은 두 살 이하의 아기들을 다 죽이라고 명령했지요.

뿐만 아니라 지금까지도 루시퍼는 하나님의 권능을 나타내는 사람만 나타나면 잡아 죽이려고 혈안이 되어 있습니다. 그러나 결코 그는 승리할 수 없습니다. 하나님의 지혜나 권세를 당할 수 없으며, 그의 최후는 무저갱일 뿐입니다.

회개할 기회를 주며 기다리시는 하나님의 사랑

이 세상의 모든 사람은 반드시 자신의 행위대로 심판받습니다. 불의한 사람에게는 저주와 형벌이 임하고, 선한 사람에게는 축복과 영광이 임합니다. 그러나 하나님은 사랑이기에 사람이 행여 범죄했다 해도 즉시 심판하여 지옥으로 보내시지는 않습니다. 천 년을 하루같이 인내하고 기다리며 회개할 기회를 주십니다(벧후 3:8~9).

우리가 기억해야 할 것은 아랫음부에서 형벌을 받는 모든 영혼에 대해서도 하나님께서 정녕 오래 참고 기다리셨다는 사실입니다. 거룩한 하나님 형상에 따라 지은 영혼이 영원한 형벌 중에 고통받는 사실을 누구보다 애통해하며 안타까워하는 분은 바로 하나님이기 때문입니다.

이러한 하나님의 오래 참음과 사랑에도 불구하고 끝까지 복음을 받아들이지 않거나, 믿는다면서도 여전히 죄를 지으며 구원의 기회를 저버린 사람들은 결국 영원한 지옥에서 형벌을 받습니다. 그러니 때를 얻든지 못 얻든지 복음을 전하여 한 영혼이라도 더 천국으로 인도할 수 있기를 바랍니다.

9장

사랑의 하나님께서
왜 지옥을 만드셔야 했나?

하나님은 모든 사람이 구원을 받으며
진리를 아는 데 이르기를 원하시느니라
디모데전서 2:4

손에 키를 들고 자기의 타작 마당을 정하게 하사
알곡은 모아 곳간에 들이고
쭉정이는 꺼지지 않는 불에 태우시리라
마태복음 3:12

예수님께서는 제자들에게 "추수할 것은 많되 일꾼은 적으니 그러므로 추수하는 주인에게 청하여 추수할 일꾼들을 보내어 주소서 하라"(마 9:37~38)고 말씀하셨습니다. 예수님을 대신하여 뜨거운 사랑으로 수많은 영혼에게 진리를 가르치며 어둠의 세력을 물리칠 수 있는 일꾼이 필요했던 것입니다.

오늘날에도 많은 사람이 진리를 알지 못하고 죄의 종이 되어 질병과 가난과 슬픔 가운데 고통받으며 지옥으로 향해 갑니다. 우리는 애타게 추수할 일꾼을 찾는 주님의 마음을 알아 "내가 여기 있나이다. 나를 보내소서." 고백하며 담대히 복음을 전할 수 있어야 합니다.

1. 오래 참고 기다리시는 하나님 사랑

어떤 부부에게 금이야 옥이야 기른 아들이 있었습니다. 이 아들이 하루는 부모에게 자신이 받을 유산을 미리 달라고 했습니다. 어차피 부모가 죽으면 유산을 차지할 텐데 왜 이런 요구를 하는지 안타까웠지만 사랑하는 아들이 원하기 때문에 주었습니다. 아들은 유산을 받아 멀리 외국으로 갔습니다. 처음에는 나름대로 꿈이 있었지만 점차 쾌락과 정욕적인 생활에 빠져들어 결국 재물을 모두 탕진하고 말았습니다. 더욱이 심한 불황이 찾아와 끼니도 때우기 어려운 형편이 되었지요.

어느 날, 누군가가 이 아들에 관한 소식을 부모에게 전했습니다. 아들이 온갖 방탕한 생활로 거지꼴이 되어 사람들에게 천대받고 있다는 것입니다. 이때 부모 심정은 어떻겠습니까? 잠깐은 괘씸하게 여길 수 있겠지만 이내 '모든 것을 용서할 테니 빨리 집으로 돌아왔으면….' 하고 애태우게 마련이지요.

회개하고 돌아온 자녀를 반겨 맞이하는 하나님 사랑

이러한 부모 심정이 누가복음 15장에 기록되어 있습니다. 아들을 떠나 보낸 아버지는 날마다 대문 밖에 나가 아들이 돌아오기만을 기다렸습니다. 하루하루 얼마나 애태우며 기다렸던지 터벅터벅 집을 향해 돌아오는 아들을 먼 발치에서도 즉시 알아보고 달려가서 끌어안고 기뻐했습니다.

그리고 자신의 잘못을 뉘우치고 회개하는 아들에게 제일 좋은 옷과 신을 주고 가락지를 끼우며 살찐 송아지를 잡아 잔치를 벌였습니다. 이것이 바로 아버지 하나님 마음입니다. 오늘도 집 나간 아들을 기다리는 아비의 심정으로 모든 영혼이 죄에서 돌이켜 구원에 이르기를 학수고대하십니다.

호세아 3장을 보면 하나님께서 얼마나 자비와 긍휼이 많으며 우리를 사랑하시는지 잘 알 수 있습니다. 어느 날 하나님께서는 호세아에게 한 가지 이해하기 힘든 일을 명하셨습니다. 곧 음란한 여인을 아내로 맞으라는 것입니다. 이에 호세아는 음란한 여인 고멜을 아내로 맞아들이지요. 그런데 몇 년이 지나자 고멜은 호세아를 버리고 다른 남자에게로 가 버렸습니다.

그러자 하나님께서는 호세아에게 "너는 또 가서 타인에게 연애를 받아 음부 된 그 여인을 사랑하라" 명하셨습니다. 남편을 배신하고 집을 나간 여인을 다시금 사랑으로 받아 주라는 것입니다. 돈까지 지불해 가면서 데려다가 사랑해야 하는데 이러한 사랑을 줄 사람이 얼마나 되겠습니까.

호세아는 고멜을 데려와서 "너는 많은 날 동안 나와 함께 지내고 행음하지 말며 다른 남자를 좇지 말라 나도 네게 그리하리라" 하였습니다. 그녀를 책망하거나 미워하는 것이 아니라 용서하고 사랑하며 다시는 자신을 떠나지 말라고 당부하였습니다.

이러한 호세아의 모습은 아버지 하나님의 마음을 상징적으로 나타냅니다. 세상을 사랑하며 범죄한 사람이라 해도 하나님께서는 사랑하고 용서하기를 원하십니다. 다른 남자를 사랑하여 떠났던 아내를 다시 데려온 호세아처럼 하나님께서는 범죄한 자녀들이 회개하여 돌아오기를 기다리십니다.

그러므로 우리는 지옥에 관하여 이처럼 생생히 알려 주시는 하나님 마음을 깨우쳐야겠습니다. 두려움을 주려는 것이 아니라 지옥의 참혹함을 깨닫고 신속히 죄에서 돌이켜 구원받게 하려는 하나님의 간절한 사랑인 것입니다.

2. 사랑의 하나님께서 왜 지옥을 만드셔야 했나?

창세기 2장 7절을 보면 "여호와 하나님이 흙으로 사람을 지으시고 생기를 그 코에 불어넣으시니 사람이 생령이 된지라" 말씀하셨습니다. 하나님께서는 섬세하게 아담을 빚으신 후 그 속에 영이신 하나님의 생기를 불어넣었습니다. 사람은 영이신 하나님의 생기를 받았기 때문에 어떤 경우에도 영혼이 소멸되지 않습니다. 육의 몸은 늙고 소멸되어 흙으로 돌아가지만 영혼만은 영원히 존재합니다.

그래서 하나님께서는 영원히 불멸하는 영혼이 있을 곳을 만드셔야 했는데 그곳이 바로 천국과 지옥입니다. 베드로후서 2장 9~10절에 기록된 대로 경건한 삶을 살면 구원을 받아 천국에 들어갈 수 있지만 불의한 자는 지옥에서 형벌을 받습니다.

"주께서 경건한 자는 시험에서 건지시고

불의한 자는 형벌 아래 두어 심판 날까지 지키시며

육체를 따라 더러운 정욕 가운데서 행하며

주관하는 이를 멸시하는 자들에게

특별히 형벌하실 줄을 아시느니라"

천국은 하나님을 믿고 사랑하여 그 말씀대로 행한 영혼이 영원히 사는 곳으로서 하나님께서 친히 다스리시는 행복과 기쁨이 넘치는 곳입니다. 하지만 지옥은 아무리 하나님의 사랑을 전해도 받아들이지 않고 죄의 종노릇을 한 사람들이 영원히 참혹한 형벌을 당하는 곳입니다. 그러면 사랑의 하나님께서 지옥을 만드신 이유는 무엇일까요?

인간을 경작하여 알곡과 쭉정이로 가르시는 하나님

농부가 알곡을 거두기 위해 밭에 씨를 뿌리고 경작하듯 하나님께서도 참된 자녀를 얻기 위해 사람을 창조한 뒤 이 땅에서 경작하십니다. 그리고 추수 때가 되면 알곡과 쭉정이를 갈라 알곡은 천국으로, 쭉정이는 지옥으로 들이십니다.

"손에 키를 들고
자기의 타작 마당을 정하게 하사
알곡은 모아 곳간에 들이고
쭉정이는 꺼지지 않는 불에 태우시리라" (마 3:12)

여기서 알곡은 주님을 영접하고 잃었던 하나님의 형상을 회복하며 말씀대로 살아가는 사람들이고, 쭉정이는 주님을 영접하지 않고 세상을 사랑하며 악을 좇아 사는 사람들입니다.

하나님께서 우리가 사는 지구 밑에 이글거리는 마그마를 두신 것은 음부와 지옥이 있다는 사실을 알려 주기 위해서입니다. 만일 마그

마가 지표로 분출된 용암이 없다면 지옥이나 아랫음부의 참혹함을 설명한다 해도 이해하기가 쉽지 않을 것입니다. 이런 것까지 인간 경작에 필요하기 때문에 만들어 놓으신 것입니다.

쭉정이를 지옥 불에 던지실 수밖에 없는 이유

어떤 이는 "사랑의 하나님께서 왜 그처럼 고통이 따르는 지옥을 두셨나요? 쭉정이도 천국에 들이면 안 되는 것입니까?" 하고 물을 수 있습니다. 천국은 우리가 상상할 수 없을 만큼 아름다운 곳이며, 천국의 주인이신 하나님께서는 흠도 없이 거룩한 분이므로 하나님 뜻대로 행하는 사람이라야 들어갈 수 있습니다(마 7:21).

만약 지옥이 없이 천국에서 의인과 악인이 함께 산다면 천국도 아비규환이 될 수밖에 없습니다. 하나님께서 인간을 지으시고 이 땅에 경작하는 목적은 그러한 세계를 만들기 위해서가 아닙니다. 눈물, 슬픔, 고통, 이별, 질병이 없는 천국에서 알곡 된 자녀들과 영원토록 사랑을 나누기 위해서입니다.

그러므로 쭉정이와 같이 무가치하고 악한 자들을 영원히 가둬 둘 지옥이 필요하지요. 로마서 6장 16절을 보면 "너희 자신을 종으로 드려 누구에게 순종하든지 그 순종함을 받는 자의 종이 되는 줄을 너희가 알지 못하느냐 혹은 죄의 종으로 사망에 이르고 혹은 순종의 종으로 의에 이르느니라" 말씀하셨습니다. 하나님 말씀대로 살지 않은 사람은 죄의 주관자인 원수 마귀 사단의 종으로 지옥에 갈 수밖에 없습니다.

각 사람의 행위대로 갚아 주시는 공의의 하나님

하나님께서는 사랑이며 긍휼과 자비가 풍성하지만 모든 것을 행한 대로 갚아 주는 공의로운 분이기도 합니다.

"스스로 속이지 말라

하나님은 만홀히 여김을 받지 아니하시나니

사람이 무엇으로 심든지 그대로 거두리라

자기의 육체를 위하여 심는 자는

육체로부터 썩어진 것을 거두고

성령을 위하여 심는 자는

성령으로부터 영생을 거두리라" (갈 6:7~8)

우리가 기도와 찬송을 심으면 하늘로부터 능력이 임하여 말씀대로 살 수 있으므로 영혼이 잘되는 복을 받습니다. 충성 봉사로 심으면 영육 간에 강건하고, 십일조와 감사 예물 등 물질로 심으면 하나님 나라와 의를 위하여 사용하도록 더 많이 축복하십니다. 그러나 악으로 심은 것은 반드시 그에 따르는 보응이 있습니다. 설령 믿음 안에 들어왔을지라도 죄와 불법을 심으면 연단이 따르는 것입니다.

요한복음 5장 29절을 보면 "선한 일을 행한 자는 생명의 부활로,

악한 일을 행한 자는 심판의 부활로 나오리라” 말씀하셨고, 마태복음 16장 27절에는 “인자가 아버지의 영광으로 그 천사들과 함께 오리니 그때에 각 사람의 행한 대로 갚으리라” 약속하셨습니다. 그러므로 각 사람이 갈 두 갈래의 길, 곧 천국이냐 지옥이냐 하는 것은 하나님께서 임의로 정하시지 않습니다. 자유 의지를 가진 사람 편에서 선택하며, 행한 대로 거두는 것입니다.

3. 모든 사람이 구원에 이르기를 원하시는 하나님

사랑의 하나님께서는 한 영혼을 천하보다도 귀하게 여기므로 모든 사람이 예수 그리스도를 믿어 구원에 이르기를 원하십니다. 아흔아홉 마리의 양이 있는데도 잃어버린 한 마리의 양을 찾아 험한 산길을 헤매는 목자의 마음처럼(눅 15:4~7), 하나님께서는 죄인 하나가 회개하면 회개할 것 없는 의인 아흔아홉을 인하여 기뻐하는 것보다 더 기뻐하십니다.

그래서 시편 103편 12~13절에 “동이 서에서 먼 것같이 우리 죄과를 우리에게서 멀리 옮기셨으며 아비가 자식을 불쌍히 여김같이 여호와께서 자기를 경외하는 자를 불쌍히 여기시나니” 말씀하셨고, 이사야 1장 18절에는 “너희 죄가 주홍 같을지라도 눈과 같이 희어질 것이요 진홍같이 붉을지라도 양털같이 되리라” 약속하셨지요.

하나님께서는 어둠이 조금도 없는 빛이며 선 자체이므로 죄를 너무나 싫어하지만, 어떠한 죄인이라도 돌이켜 회개하면 그 죄를 기억지 않을 뿐만 아니라 한없는 용서와 사랑으로 품어 주십니다. 디모데전서 2장 4절을 보면 "하나님은 모든 사람이 구원을 받으며 진리를 아는 데 이르기를 원하시느니라" 말씀합니다. 하나님께서는 이 세상 모든 사람이 그런 마음을 알고 구원받아 하나님의 품으로 돌아오기를 간절히 원하십니다.

4. 참혹한 지옥의 형벌을 안다면 담대히 전도해야

천국과 지옥을 알고 진정 마음에 믿는 사람은 복음을 전하지 않을 수 없습니다. 한 영혼도 지옥에 떨어지지 않고 구원에 이르기를 원하시는 하나님 마음을 잘 알기 때문입니다. 복음 전하는 사람을 하나님께서 칭찬하십니다. 전파하는 사람이 없으면 복음을 들을 수도, 믿을 수도 없기 때문입니다.

"그런즉 저희가 믿지 아니하는 이를 어찌 부르리요

듣지도 못한 이를 어찌 믿으리요

전파하는 자가 없이 어찌 들으리요

보내심을 받지 아니하였으면 어찌 전파하리요

기록된 바 아름답도다

좋은 소식을 전하는 자들의 발이여 함과 같으니라"(롬 10:14~15)

열왕기하 5장을 보면 아람 왕의 군대 장관 나아만이 나옵니다. 그는 아람 나라를 구원하는 공을 세워 왕에게 크고 존귀한 자로 인정받는 용사였습니다. 부귀와 명예 등 무엇 하나 부족할 것이 없었지요.

그런데 어느 날 그가 문둥병에 걸리고 말았습니다. 몸이 썩어 들어가는 불치병 앞에 나아만은 속수무책으로 죽음을 기다릴 수밖에 없었습니다. 그런 그에게 기쁜 소식이 들립니다. 바로 이스라엘에서 포로로 잡혀 온 여종이 주인의 문제를 해결할 수 있는 방법을 알고 있었던 것입니다. 그녀에게는 사마리아에 있는 선지자 엘리사라면 주인의 문제를 해결할 수 있다는 믿음이 있었습니다.

"우리 주인이 사마리아에 계신

선지자 앞에 계셨으면 좋겠나이다

저가 그 문둥병을 고치리이다"(왕하 5:3)

여종은 담대하게 엘리사 선지자의 권능을 전했습니다. 이 말을 들은 나아만은 정성껏 예물을 준비하여 엘리사에게 갔지요. 결국 그는 하나님의 능력으로 문둥병이 깨끗하게 치료됐을 뿐만 아니라 "앞으로는 여호와 하나님만 섬기리라" 고백함으로써 영혼의 문제까지 해결되는 축복을 누렸습니다. 그가 이렇게 치료될 수 있었던 것은 중심이 선하고 아랫사람 말이라 해도 귀담아 들을 줄 아는 겸손함이 있었기 때문입니다.

그런데 만약 어린 여종이 엘리사의 권능을 전하지 않았더라면 나아만은 치료받지 못하고 죽을 수밖에 없었을 것입니다. 온 나라 안에서 존귀한 용사의 한 생명이 어린 여종의 입술에 달려 있었습니다.

지옥의 형벌을 받지 않도록 담대히 전해야

우리 주변에도 나아만 장군과 같은 수많은 영혼이 여러분을 기다리고 있습니다. 그들은 각종 인생의 문제로 고통받으며 무엇보다 구원을 받지 못하여 끔찍한 지옥에 갈 처지에 놓여 있습니다.

그러니 하나님의 자녀들은 담대히 복음을 전해야 합니다. 죽을 수밖에 없는 뭇 영혼이 생명을 얻는다면 하나님께서 얼마나 기뻐하시겠습니까? "정녕 너는 내 마음을 시원케 하는 자녀라"고 칭찬하며 만사형통한 축복과 함께 영육 간에 강건함을 주실 것입니다.

뿐만 아니라 새 예루살렘, 곧 하나님의 보좌가 있는 영광의 성으로 들어갈 수 있는 믿음도 더 속히 임할 것입니다. 또한 여러분이 전한 복음을 듣고 예수 그리스도를 영접하여 구원받아 천국에 간 사람도 기뻐하며 세세토록 감사하지 않겠습니까? 이 땅에 사는 동안 구원받을 만한 믿음을 갖지 못하고 죽은 영혼에게는 일단 지옥에 가면 다시 기회가 없고 세세토록 상상할 수 없는 고통 가운데 가슴을 찢는 후회와 탄식만이 있을 뿐입니다.

고린도전서 9장 16절을 보면 사도 바울은 복음 전파에 대한 사명

감에 불타는 심정으로 "내가 복음을 전할지라도 자랑할 것이 없음은 내가 부득불 할 일임이라 만일 복음을 전하지 아니하면 내게 화가 있을 것임이로라" 고백하였습니다.

지옥에 대하여 설교를 들었거나 이 책자를 읽는 분은 한 영혼도 잃지 않기를 원하시는 하나님의 사랑을 마음 깊이 깨달아 더욱 깨어 있는 신앙생활을 하며 널리 복음을 전하시기를 주님의 이름으로 축원합니다.

지 옥

초판 1쇄 발행 2002년 7월 7일
      7쇄 발행 2007년 2월 25일
2판 1쇄 발행 2008년 8월 23일
3판 1쇄 발행 2010년 1월 24일
      5쇄 발행 2016년 3월 4일

지은이 이재록
발행인 빈성남
편집인 빈금선
삽 화 박윤권

발행처 우림북
편집부 02-851-3845, 070-8240-5611
팩 스 02-830-1844
영업부 02-837-7632, 070-8240-2072
팩 스 02-869-1537

등록번호 164-11-01027

값 10,000원

ISBN 978-89-7557-294-4 (03230)

우림

우림은 구약 시대에 대제사장이 하나님의 뜻을 묻기 위해 판결 흉패 안에 넣어
사용하던 도구 중의 하나이며, 히브리어로 '빛'이라는 의미가 있습니다(출애굽기 28:30).
빛은, 곧 하나님 말씀이며 생명입니다.
우림북은 온 누리에 참 빛을 비추고자 오늘도 기도와 정성으로 문서선교 사역에 앞장서고 있습니다.
www.urimbooks.com